María Asenjo González

Las ciudades en el Occidente Medieval

ARCO/LIBROS, S. L.

Cuadernos de Historia
Dirección: ALFREDO ALVAR EZQUERRA
ANTONIO FERNÁNDEZ GARCÍA
MIGUEL ÁNGEL LADERO QUESADA
JULIO MANGAS MANJARRÉS

1ª edición, 1996.
2ª edición, 2014.
3ª edición, 2017.

Ilustración de cubierta: A. Lorenzetti: *Efectos del buen gobierno en la ciudad.* Det. (Palacio Comunal de Siena).

Diseño cubierta: Towers.

© Arco/Libros-La Muralla, S. L., 2017
    Juan Bautista de Toledo, 28. 28002 Madrid
    ISBN: 978-84-7635-219-9
    Depósito legal: M-30.777-2017
    Printed in Spain – Impreso por Cimapress, S. L. (Madrid)

ÍNDICE

INTRODUCCIÓN. El fenómeno urbano. Interés de su estudio en el período medieval.. 7

1. EL LEGADO URBANO DEL MUNDO ANTIGUO.. 9

2. EL DESARROLLO URBANO EN LOS SIGLOS XI-XIII............................. 13

3. EL ESPACIO URBANO... 15
   a) Modelos y arquetipos urbanos.. 15
   b) Peculiaridades urbanísticas de la ciudad medieval............ 16
   c) El crecimiento de las ciudades.. 20

4. LAS ACTIVIDADES ECONÓMICAS.. 23
   a) La artesanía... 23
   b) El comercio. La teoría de Pirenne...................................... 24
   c) El dinero y la financiación.. 27

5. LA SOCIEDAD URBANA... 29
   a) El tejido social urbano. Formas de integración................. 30
   b) Nobles, burgueses y artesanos en las ciudades................. 31
   c) La formación del patriciado y su afianzamiento político (siglos XI al XIII).. 32

6. LA VIDA POLÍTICA EN LAS CIUDADES.. 37
   a) La liberación de las ciudades. Las constitución de *comunas*.. 40
   b) El gobierno de las ciudades. Instituciones, oficios y oficiales.. 52
   c) La ciudad y su territorio... 57
   d) El proceso de oligarquización. Luchas y conflictos........... 58
   e) La teoría política y su impacto en las ciudades de la Baja Edad Media... 62

7. La crisis de la Baja Edad Media. El poder de las ciudades........ 65
   a) Principales revueltas urbanas... 67

8. La ciudad como centro religioso y cultural............................ 71

9. Ciudades y vida política en los siglos xiv y xv......................... 73

Conclusión... 77

Textos... 79

Glosario.. 85

Bibliografía... 87

INTRODUCCIÓN. EL FENÓMENO URBANO.
INTERÉS DE SU ESTUDIO EN EL PERIODO MEDIEVAL

El atractivo que despiertan las ciudades no es un fenómeno contemporáneo. Los hombres se dejaron fascinar por las ciudades a través del tiempo y, en consecuencia, las vieron como lugares imaginados que concentraban virtudes y vicios, al tiempo que se asociaban a la presencia del poder. Producto de la Historia y lugar en el que se hace la Historia, las ciudades son a la vez territorios de dominación y de libertad. A través de los tiempos observamos que los grandes fenómenos ideológicos se han asociado simbólicamente a ciudades. Así, la ciudad cristiana medieval se ha considerado el polo opuesto de lo que fue la ciudad antigua y, para los hombres de la Ilustración, representaba todo lo que había ensombrecido al mundo antiguo.

Las ciudades a través de la Historia han sido un espejo de la sociedad de su tiempo. En las ciudades se petrifican los sueños, se encarnan las ideas y se manifiestan los fantasmas colectivos. La vitalidad se plasma en cambios y la ciudad se transforma hasta tal punto que, desde la perspectiva del tiempo, su cuerpo de piedra parece el de un ser vivo.

En los planteamientos historiográficos la ciudad ha jugado un papel diferente. Para las obras marcadas por la ideología burguesa desarrollada a partir del siglo XIX, la ciudad fue la libertad y también el progreso. Los historiadores marxistas destacaron a la ciudad como foco de oposición al poder señorial que contribuyó a debilitar sus cimientos, y para otros autores la ciudad se asemejaba a una "frontera" ante el mundo feudal, una especie de América pionera. Recientemente se ha ido imponiendo una visión más atenuada, que trata de estudiar a la ciudad medieval como parte inseparable de la realidad económica y social en la que se desarrolla. Al romper con la dicotomía urbano/rural se destaca la verdadera dimensión de lo urbano, en un diálogo que desvela a la ciudad como parte del mundo feudal en el que se desenvuelve. Gracias a lo cual las ciudades se han estudiado desde una perspectiva global que ha enriquecido el panorama y el interés de los aspectos históricos urbanos, al tiempo que ha hecho más útiles las conclusiones, ya que se han podido extrapolar a todo el conjunto de temas de la época.

Todavía se puede percibir en el urbanismo de nuestras modernas ciudades lo que fue su pasado medieval. Las murallas, las fortalezas, los palacios junto a calles y plazas nos aportan una percepción material. Otros aspectos de la vida social y política tales como la sociabilidad de los vecinos, la actividad artesana y mercantil y las manifestaciones de la vida religiosa se han venido desarrollando hasta nuestros días, según un modelo medieval. Sin olvidar que el reloj de la torre, que sigue midiendo nuestro tiempo, es un legado de la época medieval, al igual que las calles con su peculiar trazado, sus nombres y los edificios que albergan. Con todo queremos manifestar que muchas de las aportaciones del mundo medieval a la civilización occidental se asocian a la vida urbana. Aquellas ciudades que habían desarrollado la artesanía y el comercio eran algo más que la residencia de los poderosos. En sus recintos se desenvolvía la vida de acuerdo con unas pautas en las que había sitio para virtudes y vicios, amores y odios. Sus habitantes convivían sujetos a la vigilancia espiritual de la Iglesia y a formas de sociabilidad amparadas en el parentesco, la vecindad o la solidaridad cristiana. El aporte que la Edad Media hace a la Historia de nuestras ciudades parece suficientemente consistente como para afirmar que fue un período clave de su pasado, porque en él se sentaron bases sociales políticas y económicas que cimentaron la realidad actual.

1. EL LEGADO URBANO DEL MUNDO ANTIGUO

En el mundo romano las ciudades habían tenido un protagonismo político indiscutible. Por medio de ellas se había extendido la civilización greco-romana, se había gobernado el territorio y se habían recaudado los impuestos. Roma se volcó en la construcción de ciudades e impuso un modelo urbanístico basado en la cuadrícula y en la distribución de los edificios a partir del corte perpendicular de dos ejes: el *cardo* y el *decumanus*. El centralismo del Imperio romano favoreció un modelo de arquitectura casi idéntica en todas las ciudades de creación romana. Del mismo modo que el modelo de vida romano era universalmente imitado desde Siria hasta España. Su modelo urbanístico simple y regular aportaba la novedad de una arquitectura funcional. Las ciudades contaban con infraestructuras relevantes como acueductos y cloacas e hicieron gala de una estética más sobria y monumental que la de los griegos.

A Roma se debe un gran desarrollo del hábitat urbano: se calcula, por ejemplo, que en el siglo II d.C. el 50% de la población de la Galia vivía en ciudades. Los cambios sociales y económicos asociados a la crisis del bajo Imperio Romano trajeron la ruina y la despoblación a las ciudades del Occidente europeo. A partir del siglo III los ataques de los bárbaros agudizaron aún más ese proceso de deterioro. Así, en el año 276 de nuestra era los francos y los alemanes arrasaron la Galia y las ciudades arruinadas se redujeron a pequeños recintos fortificados construidos con los materiales reutilizados de otros edificios. Las ciudades romanas que habían sido abiertas, pues solo contaban con murallas las situadas en la proximidad de la frontera, se vieron obligadas a protegerse. Desde fines del siglo III se generalizó la construcción de murallas como garantía de refugio para la población. Se amurallaron recintos pequeños que solo abarcan una parte de la planta de la ciudad: Toulouse 90 hectáreas, Burdeos 32,

Reims 20, Soissons, Troyes y Nantes 16, Dijon y Tours 10 y Senlis y Perigeux 5 o 6 hectáreas. La propia ciudad de Roma contaba con una gran muralla que la circundaba, desde que Aureliano la mandó construir en el año 271, pero eso no impidió que los visigodos entraran en el año 410.

La difícil situación económica del Imperio desde el siglo III tuvo repercusión en las ciudades. La crisis económica y los desajustes monetarios dificultaron el comercio a media y larga distancia. También contribuyó la fuerte presión fiscal que se despliega durante el bajo Imperio. Se produjo una ruralización creciente de la vida económica y el *patronato*, que ofrecían los grandes propietarios, se convirtió en la salvación de los más débiles. El gobierno de las ciudades recaía sobre los *curiales*, ciudadanos libres que alcanzaban las magistraturas municipales por nominación y formaban el consejo de los *decuriones* o la curia. Los *curiales* se responsabilizaban entre otras tareas de la recaudación de los impuestos estatales y respondían de este cometido con su fortuna personal. Ante esa amenaza, algunos trataron de situarse mejor en la escala social, convirtiéndose en *honorati*, mientras otros intentaron huir entrando en el ejército o en los monasterios cristianos. Si no podían refugiarse allí, algunos llegaban a casarse con esclavas para perder la responsabilidad de curiales que ya se había hecho hereditaria. Esa huida de los curiales iba a contribuir al deterioro de la vida urbana. A lo que se añade que, en aquella sociedad de la antigüedad tardía, los poderosos no estaban interesados en vivir y permanecer en las ciudades.

La creciente ruralización supuso la desaparición de las ciudades como centros de consumo. Se calcula que cuando Roma fue vaciada por el rey ostrogodo Totila de su población, en 546-547, solo volvieron a la ciudad unas veinticinco mil personas. Eso en una ciudad que había tenido ochocientos mil habitantes a fines del siglo IV.

Por otra parte, tras la instalación de los pueblos bárbaros en el territorio del Imperio Occidental, algunas grandes capitales desaparecieron como centros políticos (Arlés, Tréveris y Milán). Solo Ravenna se benefició de la construcción de grandes iglesias bajo Teodorico primero y Justiniano después. Otras ciudades se mantuvieron gracias a la instalación de los palacios reales *(palatium regalis)* de los reyes bárbaros: Pavía (lombardos), Tolosa y Toledo (visigodos), y París, Soissons, Metz y Reims (francos).

El cristianismo, tras el edicto de Milán (313), se convirtió en religión autorizada y bajo Teodosio en religión oficial. La Iglesia desde fines del siglo IV había organizado su gobierno a partir de la estructura administrativa del Imperio, en diócesis y provincias. Hubo obispos en las más importantes ciudades y se estableció una presencia dispersa por todo el Imperio que reforzó su protagonismo. Así, el cristianismo contribuyó a la recuperación de las ciudades y, mientras que los edificios y monumentos romanos civiles eran abandonados, se construían nuevas basílicas en el curso de los siglos VI y VII. También en la proximidad de las ciudades aparecieron santuarios localizados extramuros, allí donde se encontraban los cementerios desde la época antigua, lo cual unido a la presencia de hospitales y de artesanos de la piedra y los talleres de acuñación de moneda hacían de ellas lugares muy visitados. Durante los siglos VIII y IX las ciudades que tenían iglesias, catedrales y monasterios, se remodelaron al estímulo de un nuevo despertar que se dejó sentir en todo Occidente. Esa recuperación se vio frenada por las invasiones de escandinavos, sarracenos y húngaros (siglos IX y X).

2. EL DESARROLLO URBANO EN LOS SIGLOS XI-XIII

Entre los siglos XI al XIII se produjo un fenómeno de desarrollo urbano sin precedentes en el Occidente medieval. Las ciudades de origen romano crecieron y se ampliaron mientras en el Norte y Oeste de Europa surgieron numerosos núcleos urbanos. Se considera que en estos tres siglos renacieron o se fundaron la mayor parte de las ciudades que actualmente constituyen la red urbana de Europa Occidental.

En el origen de ese despegue urbano hay que situar:

- El mundo agrario que conoció un notable desarrollo en estos siglos. La ciudad debía casi todo lo que era al campo, ya que de allí procedían sus efectivos humanos y el abastecimiento que necesitaba. Sin olvidar que desde la ciudad se seguían desarrollando actividades agropecuarias y muchas de ellas disponían de tierras de labor en el interior de sus muros, como el Cornhill de Londres, el "Ortus magnus" de Salerno junto a otros ejemplos de Génova, Saint-Omer y Oldengurgo.
- La presencia de un artesanado que se concentra en las ciudades y que atrae al dinero. Este es uno de los agentes de crecimiento urbano más activo, mucho más que el comercio a larga distancia.
- El comercio, cuya importancia se ha exagerado siguiendo la teorías de H. Pirenne. Pero la actividad de los comerciantes no puede entenderse sin tener en cuenta las condiciones de demanda de productos, protección y amparo a mercaderes y mercancías, y el desarrollo de la producción artesana. Todos estos factores matizan el supuesto protagonismo de los mercaderes de "pies polvorientos" o de larga distancia.

Otras causas que contribuyeron al desarrollo urbano fueron:

la autoridad y el poder de la monarquía, y de la gran nobleza feudal laica y eclesiástica que concedieron privilegios a algunos lugares y de ese modo hacían patente el reconocimiento de su existencia. Estos poderes se asocian a construcciones de gran solidez, ya sean fortalezas y castillos o iglesias y monasterios.

La mayor o menor incidencia de las causas planteadas se pone de manifiesto al analizar el origen de cada una de las ciudades. Cada ciudad podría matizar estos estímulos dando prioridad a unos sobre otros. A partir del siglo XI, fue frecuente que surgieran en las proximidades de castillos y monasterios aglomeraciones de casas, en las que se establecían mercaderes, artesanos y otras gentes que, al amparo de la protección señorial, se daban cita en torno al mercado.

3. EL ESPACIO URBANO

a) MODELOS Y ARQUETIPOS URBANOS

Son varios los tipos de ciudades que nacen en el siglo XI, si bien cabe destacar las ciudades formadas alrededor de un monasterio, de un castillo, de una iglesia episcopal y las de nueva creación.

Las ciudades que surgieron junto a monasterios se repartieron por un extenso territorio. La ubicación de los monasterios cristianos se decidió en el período de la alta Edad Media y los monjes eligieron los bosques y las zonas pantanosas. Allí edificaron sus ciudadelas, lejos de las vías romanas y de los lugares transitados que los señores vigilaban desde sus castillos. Desbrozaron el bosque y cultivaron la tierra para abastecer el monasterio y mantenerlo como reserva del saber. Los monasterios eran los únicos lugares que con su sedentarismo se oponían al nomadismo que practicaba la población: campesinos que rozaban la tierra, peregrinos, mercaderes y vagabundos. La población se asentó en *burgos* a su alrededor pero tardó en dar ese paso. Los primeros monasterios que habían sido fundados en los siglos VI y VII no contaron con burgos hasta el siglo IX. Ciudades instaladas en la proximidad de los monasterios son Saint-Denis, Luxeuil en Francia o Coventry en Inglaterra.

Las ciudades que aparecieron en la proximidad de un castillo se justifican por la protección que ofrecía la fortaleza. El castillo encaramado a una colina o como centinela en la orilla de un río o junto a una vía, casi siempre se encontraba en un emplazamiento dominante. Su posición condicionaba el futuro emplazamiento de la ciudad y los planos de estas ciudades muestran una mayor variedad que las de origen monástico. Generalmente el castillo dominaba a la ciudad desde lo alto, y ejemplos de ciudad y castillo situados a la orilla de un río encontramos en el curso del Loira. En otros casos la ciudad se forma alrededor del castillo y la envuelve en curvas concéntricas tal y como ocurre en Niza. En Inglaterra, el 80% de las ciudades que surgen entre 1066-1100 lo hacen junto a castillos y entre 1101-1135 son el 50%. Ciudades como Bristol, Richmons, Warwick y Oxford son algunos ejemplos.

Las ciudades de origen episcopal son frecuentes en Alemania, ya que los obispos alemanes se habían constituido como nobleza feudal muy favorecida por los emperadores. En esas ciudades los palacios episcopales jugaron un papel similar al de los monasterios. Con el tiempo, los obispos estimularon el surgimiento de un comercio que les proporcionaba rentas saneadas.

Por último, queda por mencionar a las ciudades de nueva creación que surgieron a partir de 1200, con objeto de dar salida a iniciativas que muestran mayores ambiciones políticas. Estas ciudades aparecen en Francia (las *bastidas*), Inglaterra *(planted towns)*, Alemania e Italia *(terre nuove)*, destinadas a fortalecer el poder de los monarcas y los señores. Son ciudades nuevas que se caracterizan por su trazado regular, en ocasiones con planta ortogonal (Aigues Mortes fundada en 1246 por San Luis), por contar con una plaza pública en la que se instala el mercado, una fuente o pozo. La iglesia no está en la plaza pero se comunica con ella por medio de una gran calle. En esos proyectos se observa que no respondían a un modelo ideal expandido por toda Europa. No obstante, es preciso reconocer que hay una tendencia a la regularidad en el trazado de las calles y una planificación justificada por igualar el tamaño de los lotes de espacio urbano ofrecidos a los nuevos pobladores. Se constata así una voluntad del poder regio o señorial de reglamentar y de planificar sus ciudades.

b) Peculiaridades urbanísticas de la ciudad medieval

La ciudad medieval presenta características propias que agudizan su originalidad y realzan el particularismo que la urbe alcanza en este período. Así, se observa la ausencia de un plan conjunto y el predominio de un carácter discontinuo y anárquico del tejido urbano junto a la irregularidad de sus alineamientos. Las ciudades no contaban con grandes arterias de circulación ni se destinaban espacios reservados a la vida social al

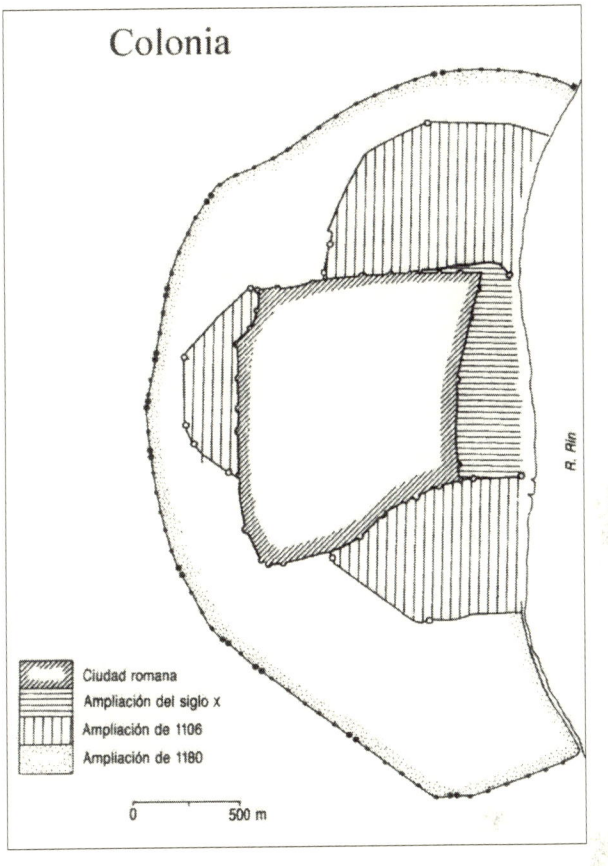

Plano de Colonia.
POUNDS, N. J. G.: *La vida cotidiana: historia de la cultura material.* Barcelona, 1992, pág. 346.

tiempo que se imponía la fragmentación y la dispersión de las actividades públicas. Todo ello porque una ciudad medieval es una formación social que organiza el espacio urbano a partir del asentamiento de determinados grupos profesionales, comunidades familiares y asociaciones de vecindad. De ese modo el tejido urbano parece más celular y aparentemente da la impresión de conjunto desorganizado, que hace inevitable pensar en la degradación de las formas y estructuras del urbanismo de la antigüedad. A partir del siglo XIII se evolucionó para integrar los espa-

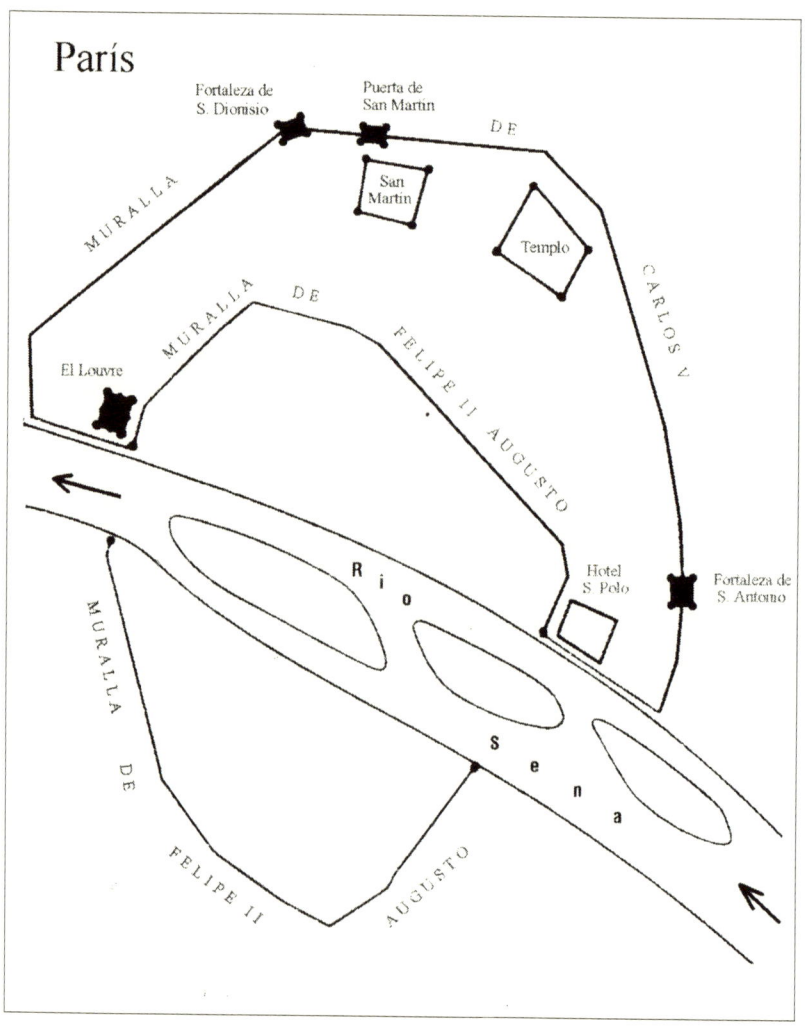

Plano de París.
DURY, G., Dir.: *Histoire de la France Urbaine. La ville médiévale*. París, 1980, pág. 235.

cios de urbanismo particular en el conjunto de la ciudad hasta hacer de ese conjunto celular un espacio de apariencia homogénea.

El urbanismo en este período no es solo expresión artísti-

EL ESPACIO URBANO

ca sino que se relaciona con estructuras sociales, económicas y políticas, y la necesidad de dar solución a distintos problemas. En este sentido, la historia del urbanismo bajomedieval parece debatirse continuamente entre el deseo de remodelar la ciudad y adaptarla a las nuevas exigencias dictadas por el gobierno urbano, frente a la resistencia que oponían los grupos asentados, oficios y clanes. En ese período se introdujeron mejoras urbanísticas centradas en asegurar y extender las fuentes y el agua por la ciudad, facilitar la circulación de personas y mercancías, y contar con mercados accesibles y espacios abiertos. Pero generalmente chocaban con el deseo de los diferentes grupos de mantener su ubicación, que les aseguraba la autodefensa ante cualquier amenaza. En parte esto explica el irregular paisaje urbano, que parece poco lógico y en ocasiones aberrante.

La muralla es el elemento urbanístico que más se asocia a la imagen de la ciudad medieval, e incluso el hombre medieval se imaginaba a la ciudad ideal como un mundo herméticamente cerrado. Murallas, puentes levadizos, puertas cerradas al caer la noche, la ciudad se asemejaba a una gran casa y a una gran fortaleza. Si las ciudades romanas destacaban por su aspecto horizontal, las ciudades medievales, por el contrario, afirmaban su verticalidad. Las torres de los castillos, los campanarios de las iglesias, los tejados puntiagudos de las casas y del edificio comunal, todos se elevaban hacia el cielo como lanzas.

La ciudad formaba un bloque, un todo que desarrollaba una forma redonda y también en esto difería de la ciudad romana que era rectangular. Esa forma redonda se ha relacionado con el cristianismo y la representación del paraíso que se concebía como un círculo. Pero sabemos que también algunos pueblos paganos como los celtas y los eslavos construyeron sus ciudades en círculo. Otra posible explicación de la forma circular fue la influencia árabe a partir del modelo de Bagdad, la ciudad fundada a orillas del Tigris por Al-Mansur en el 762, de forma circular y que pudo haber llegado a través de los cruzados. Pero Jerusalén era la ciudad por excelencia y su imagen idealizada se representaba en círculo con altas murallas y torres elevadas que tocaban el cielo.

La causa que explica la generalización del plano circular parece que no obedece a la reproducción de un modelo por familiar o extravagante que fuese. Por el contrario, se explica por el efecto envolvente que desarrolla el hábitat dispuesto en radio concéntrico, en el que todo converge en el centro, y que también se asocia a una idea de jerarquía. En el centro se encuentra la imagen del poder, ya sea el castillo, el palacio real, o el palacio comunal. En la ciudad redonda todos los barrios se sitúan a una distancia aproximada del centro, lo cual produce una idea de igualdad aparente. Otra razón que explica la forma redonda es la defensiva, habida cuenta de las mejores posibilidades que ofrece para este fin.

c) El crecimiento de las ciudades

Durante la Edad Media las ciudades aumentaron su población y crecieron más allá del recinto amurallado. Los dos ámbitos del renacimiento urbano en Occidente desde el siglo X fueron Italia y Flandes. En el siglo XIV dos grandes ciudades del Norte como Brujas y Gante tenían 50.000 habitantes. En Italia: Venecia, Nápoles y Milán tendrían 100.000 habitantes, a fines del siglo XV, Génova, Venecia y Verona unos 50.000, y el resto de las ciudades más pobladas no superarían los 20.000 habitantes. Esta era la población de Roma, que había llegado a tener un millón de habitantes a fines del siglo II de nuestra era. Ciertamente ninguna de las grandes ciudades de la Edad Media podían compararse a las grandes ciudades de época romana. En el siglo XIV, Londres tenía 50.000 habitantes, París 90.000, y Toulouse, Lyon, Aviñón y Marsella entre 30.000 y 35.000. En el siglo XV, Nuremberg con sus 20.000 habitantes era considerada una gran ciudad.

La apariencia de las ciudades difiere en la Europa del Norte y del Oeste de la zona del Mediterráneo, ya que allí se localizan en llanuras y cuentan con extensos recintos que llegan a tener más de 400 Ha. en Bruselas, Lovaina y Brujas, y más de 600 Ha. en Gante. En esas ciudades las casas no se apiñan salvo en el centro y en las calles que conducen a las puertas de las murallas. Mantienen en el interior numerosos y extensos espacios vacíos, e incluso algunas abadías y castillos conservan sus propios muros. Ciudades como Colonia, Douai, París y Bristol son otros ejemplos. Por el contrario, las ciudades del Mediterráneo estaban más densamente pobladas lo cual daba mayor sensación de abigarramiento, las calles eran estrechas y no había espacios vacíos para explotaciones rurales. No obstante, en opinión de J. Heers, las ciudades meridionales en su estructura y organización parecen la expresión más acabada de la civilización urbana medieval.

Consecuencia de ese crecimiento que conocieron las ciudades fueron las transformaciones y cambios urbanísticos que se realizaron en el curso de los siglos XIII al XV. A medida que crecieron los burgos y se fueron formando otros nuevos se hizo necesario construir nuevas murallas o *muros de reunión,* que se ajustaban al nuevo tamaño de la ciudad. Las primeras labores de amurallamiento de barrios nuevos se remontan al siglo XII y los últimos recintos son del siglo XV. A partir del siglo XVI la muralla pierde eficacia como sistema defensivo, en la misma medida que se desarrollaron nuevas armas de artillería que facilitaban el asalto y la toma de la ciudad.

La extensión de las murallas fue muy variable, ya que no solo incluían los barrios de extramuros sino que en ocasiones abarcaba accidentes geográficos estratégicos y también terrenos para cultivo y para pasto. La ampliación de las murallas supuso también la transformación del plano ortogonal de origen romano, se creaban nuevas vías que comunicaban hacia el interior a los nuevos barrios y se procedió a derribar los antiguos recintos. Sirva el ejemplo de una ciudad como París, que en el siglo III tenía un recinto que abarcaba 8 hectáreas. Su desarrollo medieval se debió a tres factores: el religioso-político, que se asociaba a la presencia del obispo y de los reyes de Francia, el económico y comercial, más acentuado en la orilla derecha del Sena, y el intelectual, al contar con una universidad en la orilla izquierda del Sena, aprobada en 1215 por Inocencio III. El crecimiento de la ciudad a uno y otro lado del río Sena se mantuvo equilibrado hasta fines del siglo XII. En 1190, Felipe Augusto decidió la construcción de una muralla que abarcaba 263 hectáreas y estaba flanqueada por 33 torres al Norte y 34 al Sur. Pero, a medida que se avanzó hacia los siglos bajomedievales, el crecimiento de la orilla derecha, asociada al comercio, llegó a ser el doble que el de la izquierda, que era el espacio universitario. En 1367, el rey Carlos V dotó de muralla a la ciudad para englobar a la población que se había instalado extramuros. El espacio se amplió a 439 hectáreas y se abrieron seis puertas fortificadas entre las cuales se encontraban la del Louvre y la de la Bastilla.

4. LAS ACTIVIDADES ECONÓMICAS

Las ciudades dieron cabida a todas las actividades económicas del período medieval. La agricultura y la ganadería, que se desarrollaron en el espacio exterior, tuvieron cada vez más como referencia a la ciudad, debido a que en ella se daba salida a los excedentes. La producción artesana y el comercio se asociaron a la vida urbana, si bien sus inicios se referían al mundo rural. De hecho, la atención de las necesidades artesanas del gran dominio y el intercambio de productos en el marco regional fueron los puntos de partida de esas actividades mucho más que el comercio a larga distancia.

a) La artesanía

A lo largo de los siglos X y XI coexisten dos formas de artesanía. Una de ellas es la doméstica o de subsistencia que atendía las necesidades del señor y las de los campesinos, y que se desarrollaba en las dependencias del gran dominio y en los hogares campesinos. La otra alude al trabajo que realizaban artesanos aislados o en pequeños grupos, dueños de sus herramientas y volcados en su trabajo. Estas formas de artesanía en ocasiones tenían lugar fuera de las poblaciones, en un ambiente alejado de los núcleos habitados, donde desarrollaban una actividad que era concurrente con la del gran dominio. Su proyección fue la cestería, la carpintería, el trabajo del cristal, la forja y la alfarería.

Las circunstancias del desarrollo del trabajo artesano mejoraron a partir del siglo XI gracias su revalorización social. La Iglesia dejó de desacreditar el trabajo manual casi al mismo tiempo que los laicos encontraron suficientemente dignas las actividades de la forja y tejería, como para que fuesen entregadas en feudo en algunos grandes dominios del oeste de Francia. Mientras, en el Languedoc y en Italia se documentaban las primeras instalaciones sedentarias de artesanos inmigrados, alrededor de una *mota* o al pie de una fortaleza.

A lo largo del siglo XII se produjo la instalación de los artesanos en la ciudad y el encuadre de los hombres y sus actividades. Gracias a la afluencia de población rural, que se dedicaba a las actividades artesanas, se alcanzó mayor diversidad en los medios urbanos. En las ciudades, en las que los señores mantenían el poder, aceptaron gustosos a los dependientes de otros. Si bien la cuestión del derecho de persecución para los campesinos huidos de la tierra no siempre encontró una solución de libertad a su favor. Hasta mediados del siglo XIII, se pudo haber concentrado el trabajo de los diferentes artesanos en calles determinadas, movidos por la solidaridad del grupo, por la localización de agua para su trabajo o por ocupar el espacio adecuado. Desde 1100 se conoce la especialización de ciertos barrios suburbanos en Italia como la *mercería* en Venecia o el *inferno* en Milán, dedicado este a los trabajos de forja y la elaboración de armaduras muy preciadas en toda Europa.

Los artesanos llegaron a alcanzar un papel importante en la sociedad urbana de los siglos XI y XII, y no solo porque fueran necesarios económicamente sino porque alcanzaron un peso político y participaron en la organización de la administración de la ciudad en los siglos venideros. Al mismo tiempo, los artesanos de las ciudades, organizados en gremios, desde mediados del siglo XI, se vieron sujetos muy pronto a las limitaciones que la reglamentación imponía a su trabajo. El poder local fijaba no solo las condiciones materiales del trabajo artesano sino también las de producción: el volumen, la calidad y el costo, quedaban así determinados. De entre todos los oficios, se consideraba que los trabajos asociados a la fabricación de paños llegaron a crear unas condiciones favorables a la actividad económica allí donde surgieron. Hasta el punto de actuar como verdadero motor económico de la ciudad y de su entorno.

b) El comercio. La teoría de Pirenne

La historiografía burguesa del siglo XIX vinculó las libertades urbanas al renacimiento de los intercambios comerciales que se interpretaban como un signo general de progreso. En este contexto se inscribe la tesis del historiador belga H. Pirenne, que afirmaba que las ciudades se recuperaron, en el curso de los siglos X y XI, gracias al empuje de los mercaderes. La visión de síntesis que propuso este autor cometió el error de método de ver al comercio a través de la circulación de los productos exóticos como las especias y seguir su recorrido y venta en las ciudades. Por el contrario, apenas dio importancia al comercio más modesto de abastecimiento de productos básicos, que también tenía lugar en las ciudades. La razón estribaba en que sobre este tipo de intercambios no hay documentación que nos permita conocer su alcance y volumen, aunque resulta imposible negar su existencia. También se debe reconocer que esa teoría se aplicaba con bastante acierto al nacimiento de las ciudades flamencas, en las que el comercio a larga distancia había tenido un papel muy importante, debido a que se mantenía una red de intercambios desde Irlanda hasta el mar Caspio, organizada al calor de las acciones de conquista de los pueblos escandinavos.

A comienzos del siglo XII Brujas era una ciudad organizada y potente, y en 1127, gracias al empuje de las asociaciones mercantiles, se construyeron las murallas y fortificaciones que cerraban una amplia área (habitada por unas 10.000 personas) unificando el hábitat disperso.

También Gante derivaba del *portus* mercantil que surgió cerca del castillo de Gravensteen y, como en Brujas, comprendía una Iglesia (Santa Faraida) y un barrio artesano (Oud Bourg). En 1191 se construyó una muralla que incluía la isla del castillo condal y abarcaba las construcciones que gravitaban en torno al centro mercantil. Debe recordarse la importancia que pronto adquirirían las manufacturas de paños en aquellas ciudades flamencas.

El ejemplo de dos ciudades flamencas como Bruselas y St. Trond proporcionan matices respecto a su origen urbanístico. El origen urbano de Bruselas está ligado a la construcción de un castillo y de la iglesia de San Gery por parte del duque de la Baja Lorena. Como en otras ciudades, en el siglo XI encontramos un complejo fortificado que ya incluía asentamiento de artesanos. En el siguiente siglo, la ciudad comenzaba a expandirse a partir de un cruce de calles en torno a la Gran Place y las sedes mercantiles, y hasta el siglo XIII no alcanzó una estructura unitaria. En St. Trond, el origen urbano se asocia a la abadía fundada en el siglo VII. Ante la explanada que se encontraba frente al centro religioso discurría la vía Gante-Colonia que era un importante eje que comunicaba el Norte y el Sur. La empalizada construida con madera y tierra en 1055-1086 fue sustituida por un recinto de piedra en 1129. En 1140 los mercaderes obtuvieron la exención del impuesto de tránsito *(telóneo)*, al tiempo que, junto al desarrollo de la economía agraria, se afianzaba una intensa actividad productiva de fabricación de paños y comercial.

Así, vemos que el comercio a larga distancia jugó un papel importante en el origen de las ciudades flamencas, si bien su efecto se vio mejorado por la acción de diferentes circunstancias, y queda probada también la importancia del incipiente artesanado en el surgimiento de las ciudades.

El otro ámbito de actividad comercial era el Mediterráneo, donde a mediados del siglo XI, tras los ataques de los piratas sarracenos, renacía la actividad desde Cataluña hasta Sicilia, Alejandría y Bizancio. Amalfi fue una ciudad asociada a un puerto célebre. Desde 1060-1080 el comercio se servía de los cursos fluviales o se realizaba a través del mar y se intercambiaban productos diversos, utilizando cada vez más la moneda.

En el origen del comercio también se encuentran los excedentes que procedían de las imposiciones exigidas por el señor sobre los campesinos, que eran la justificación de la protección y la justicia del señor y la base del "feudalismo". Una vez que el señor había satisfecho sus necesidades podía derivar parte de esos productos hacia el mercado, que originariamente se realizaba en la proximidad de su castillo. También los campesinos podrían tener unos bienes que llevar al mercado, que eran por lo general animales, víveres y utillaje. Si el mercado de la aldea solo permitía adquirir algunos productos, los mercados de las ciudades eran más atractivos habida cuenta de la variedad de mercancías realizadas por los artesanos especializados. La ciudad necesitaba a los campesinos con sus excedentes para el abastecimiento y a cambio les ofrecía productos manufacturados.

LAS ACTIVIDADES ECONÓMICAS

El mercado

El mercado urbano era una convocatoria semanal que se realizaba en el cruce de dos calles o en cualquier lugar propicio. El gobierno de la ciudad garantizaba la vigilancia y colocaba una balanza y medidas, además de una corte judicial para dirimir las disputas. Generalmente reunía a gentes del entorno bajo la protección y garantías de paz del gobierno urbano. Resolvía el abastecimiento de la ciudad, al tiempo que facilitaba la venta de los productos de artesanía de los talleres de la ciudad.

La feria

Era una convocatoria comercial más prolongada, de dos a cinco semanas, organizada la ciudad bajo su responsabilidad y vigilancia. De entre todas las ferias destacaban las celebradas en el condado de Champaña, desde fines del siglo x, por su emplazamiento a medio camino entre Italia y Flandes. La importancia de las seis ferias anuales, celebradas en Provins, Lagny, Bar-sur-Aube y Troyes, para el comercio internacional se mantuvo hasta fines del siglo XIII. Aunque en menor medida que el mercado, también la feria pudo contribuir al desarrollo de la actividad mercantil de ámbito regional y dinamizó la producción local.

c) El dinero y la financiación

El negocio y la usura siempre fueron mal vistos por la Iglesia medieval que, basándose en las Sagradas Escrituras, no podía aprobar esas actividades. Ello era debido a que se basaban o bien en los beneficios que se obtenían de un comprador al adquirir una mercancía o en el interés que proporcionaba un préstamo. Se consideraba que en ambos casos la ganancia se hacía sobre el tráfico del tiempo, que era un don divino por excelencia. Aunque se llegó a aceptar para aquellos mercaderes marineros que debían afrontar tantos peligros, nunca para aquellos que se quedaban a salvo en el puerto y recibían beneficios en función de lo prestado a una sociedad mercantil. La Iglesia denunció a los mercaderes por sus actividades. Esa actitud de algunos poderes frente a los mercaderes explica que estos se organizaran para enfrentarse a sus presiones, formando asociaciones, llamadas *guildas,* y crearan escuelas reservadas a sus hijos. A principios del siglo XIII ya se documentaban estas escuelas en Gante y Brujas.

El dinero era un instrumento básico para el comercio. Aristóteles ya había reconocido en la *moneda* una triple función: la de ser medida del valor de las cosas, ser instrumento para las transacciones y objeto de valor en sí mismo. Durante los siglos XI al XIII el dinero fue recuperando su papel de medida del valor de las cosas y de instrumento de cambio, cuando su uso se hizo más frecuente. La extremada variedad de monedas procedentes de diferentes acuñaciones hizo necesaria la intervención de los *cambistas,* que instalados en las ciudades se encargaban de cambiar a la moneda de curso del país las que traían los mercaderes extranjeros. La presencia del *cambista* se fue haciendo más frecuente en las ciudades. Esta era una actividad mal considerada y de hecho el comercio del dinero estuvo durante mucho tiempo en manos de judíos, no sometidos a las reglas y exigencias del cristiano. La actividad que los cambistas ejercían en sus *bancos, tavolas* o *taulas* pronto se amplió a la de aceptar depósitos de sumas de dinero, que ellos se encargaban de colocar y rentabilizar en préstamos, inversiones y otras actividades especulativas. De ese modo los banqueros, llamados así por el banco o pequeña mesa en el que negociaban, recibían sumas que estaban destinadas al pago de operaciones mercantiles pero que también se destinaban a ser colocadas como inversión. Desde sus bancos, situados en barrios concretos de las ciudades europeas, como la *Halle* del agua en Brujas, Or-San-Michele en Florencia, el Rialto en Venecia y la Piazza Bianchi en Génova, se encontraban conectados entre sí, y con otras ciudades y plazas mercantiles, lo cual ampliaba la capacidad de sus negocios. A mediados del siglo XIII, ellos realizaban operaciones de cambio, ya que podían asegurar la cobertura de negocios en diferentes lugares y con distintas monedas, siendo esta una de las funciones primeras de la *letra de cambio* que pronto aparecería. También se encontraban vinculados a negocios mercantiles, realizados a larga distancia, y en algunas ocasiones dirigían y practicaban el préstamo con interés. La necesidad de dinero al final de este período hizo del siglo XIII una etapa en la que préstamos y deudas se habían generalizado y alcanzaban tanto a los campesinos como a los príncipes.

5. LA SOCIEDAD URBANA

Los privilegios y facilidades asociados al mundo urbano se reservaban para los vecinos o ciudadanos y en menor medida para los visitantes y moradores. Esas categorías expresaban la integración en la sociedad urbana que en sus aspectos básicos de organización era semejante a la sociedad feudal.

En las ciudades también se dejaron sentir los efectos de evolución económica y social que empujaban con fuerza desigual a la disolución de la familia amplia. A partir del siglo XI, se individualiza la noción de nobleza, la de caballería, y se desarrolla y extiende el vasallaje en la sociedad. Mientras, se producía la transformación de la nobleza en linajes agnaticios (de predominio de varón, con estructura vertical de transmisión hereditaria), y los sectores populares sufrían la desarticulación progresiva hacia la familia nuclear, y la paulatina fragmentación de sus tierras y patrimonios asociada a las particiones hereditarias.

En las ciudades medievales europeas se impuso el modelo de familia conyugal, a partir del siglo XI, y estas familias se fueron integrando paulatinamente en formas solidarias de organización, como vecindades, gremios y cofradías de devoción, que les daban protección, seguridad y facilitaban la integración.

Los sociólogos han buscado la definición de un modelo social urbano, pero su éxito se vio limitado por cuanto erraron al querer identificar en el seno de las ciudades los determinantes de la organización social urbana. Lo mismo que los fenómenos de industrialización, capitalismo y segregación social no fueron necesariamente urbanos, tampoco la sociedad urbana se entendía al margen del mundo rural. De ese modo, se ratifica que la ciudad no puede ser estudiada como un agente autónomo en la sociedad, si bien se puede reconocer a la población urbana como aceleradora de los cambios sociales. Esta negación de la autonomía urbana, que ha tenido profundas implicaciones en la comprensión de la estructura social de las ciudades medievales, implica aceptar tres circunstancias. En primer lugar, la capacidad de asimilación de la sociedad urbana que nos lleva a definirla como una concentración permanente y relativamente numerosa de población, ocupada en múltiples actividades, de las cuales un número importante no son agrarias. En segundo lugar, la heterogeneidad de la población urbana se acentúa por el hecho de que muchos de los habitantes de las ciudades no son nativos y mantienen orígenes y relaciones en el entorno próximo. En tercer lugar, la diversidad es otra característica de las ciudades que dio lugar a formas sociales desconocidas en el mundo rural.

a) El tejido social urbano. Formas de integración

Durante los siglos XI al XIII la ciudad, bajo una apariencia de núcleo fortificado y homogéneo, aglutinaba mundos sociales diferentes. Dentro de su recinto se daban cita gentes de origen diverso, procedentes de distintos lugares, dedicados a profesiones y oficios varios, y cuya condición social marcaba distancias entre ellos. La inserción en ese complejo mundo requería afinidades que ligaban a los individuos entre sí, ya fuera por lazos de parentesco, por razones profesionales, vínculos de vasallaje y dependencia, clientelismo, inserción en una comunidad religiosa (cofradía), o por lazos de amistad y vecindad.

La necesidad de reagrupamiento se fue imponiendo como efecto de la convivencia, de ahí la importancia que llegaron a adquirir las cofradías, gremios y vecindades. Grupos sociales que, bajo la promesa del mutuo apoyo, formaban coaliciones que en algunos casos manifestaron pretensiones políticas. De ese modo se dio paso a una nueva estructura social capaz de expresarse políticamente, en convivencia con formas tradicionales, al tiempo que demandaban nuevas funciones al poder preexistente, haciendo de él un instrumento de gobierno nuevo.

La teoría de Pirenne, aparecida en 1895, afirmaba la incompatibilidad entre la organización de la sociedad feudal y la de una sociedad de mercaderes y artesanos asentados en la ciudad. Pero si consideramos que el comercio tuvo que resurgir en una sociedad feudal, será necesario admitir que mercaderes y artesanos fueran el resultado de circunstancias feudales. De nuevo cabe afirmar que se debe de dudar de toda teoría que afirme la incompatibilidad entre ciudades y mundo feudal. Si la mejora de la producción agraria permitió mantener a otros sectores sociales como artesanos y mercaderes, también se puede afirmar que el desarrollo de estos grupos sociales dependía esencialmente de los cambios producidos en la sociedad feudal rural.

b) Nobles, burgueses y artesanos en las ciudades

La ciudad se constituyó al comienzo mediante agrupamiento de familias y la aportación del poder señorial al origen de las ciudades fue importante. Por intervención de los señores se fundaron ciudades, se estimularon los asentamientos de mercaderes y artesanos, y estos también tomaron parte activa en la vida ciudadana, en particular en las ciudades del Mediterráneo.

En los siglos XI y XII surgieron nuevos linajes y, en el curso del siglo XII, se completó el largo proceso de formación de señoríos rurales y territoriales que fueron la base de verdaderas dinastías. En Italia, se produjo la recuperación de una amplia unidad de parentesco en la *consorterie,* llamado el consorcio. La memoria familiar de algunos linajes se remontaba muy atrás en el tiempo. La cohesión del grupo se mantenía en ocasiones sobre los derechos familiares en una iglesia o monasterio, en torno al ejercicio de oficios públicos laicos o eclesiásticos, o bien sobre oficios menores. En todos los casos la cohesión familiar se unía a la transmisión hereditaria de cargos y propiedades por vía de descendencia vertical masculina. Aparecía la dote para las hijas y la herencia pasaba de los padres al hijo primogénito varón. Hacia otros sectores sociales ese mismo linaje desarrollaba el "consorcio", por medio del cual se establecía, tras un acto formal desde el punto de vista jurídico, la base de pertenencia a la *consorterie.* Era la capacidad de atracción e integración que desarrollaba el linaje hacia otros sectores sociales. La incorporación aseguraba participación en el patrimonio común y acceso a los órganos de poder en las ciudades. En la constitución de ese poder, la solidaridad fue un elemento básico.

La inmigración procedente del entorno rural próximo se añadió al crecimiento natural de la población urbana. Esa incorporación no se hizo siempre bajo la máxima de que "el aire de la ciudad hacía libres", tal y como interpretó la historiografía liberal de fines del siglo XIX que afirmaba la ilusión de que la ciudad liberaba a los siervos fugitivos que se acogían en ella. Sabemos que los campesinos de condición servil que se asentaban en las ciudades mantenían una condición fiscal más duramente tasada y solo lograban permanecer si no eran reclamados por sus señores. Por otro lado, esos campesinos procedían de un radio próximo de unos diez kilómetros y su presencia en la ciudad reforzaba los lazos con el mundo rural. La integración de estos recién llegados se hizo a partir de los vínculos de amistad o parentesco preferentemente.

Los modestos habitantes de la ciudades constituían el sector popular llamado de los *minores, popolo minuto, commun peuple y populares*. Eran la mayoría de la población pero marcados por la diversidad y la desunión. Se manifestaban con su presencia en las grandes asambleas como el *arengo, Bauding y balia* y constituían las cofradías, gremios y vecindades ya mencionadas. Aquí se integraban artesanos y mercaderes, notablemente distanciados de los grupos nobiliarios que se irían enriqueciendo hasta colocarse en posiciones jerárquicas.

c) La formación del patriciado y su afianzamiento político (siglos XI al XIII)

Cuando encontramos a los poderosos asentados y organizados en los núcleos urbanos los reconocemos como *aristocracia* o *patriciado*. Para Pirenne el patriciado urbano surgía de la clase burguesa, afirmación de gran importancia en su concepción teórica y que resulta difícilmente aceptable hoy en día. Es cierto que se cumple en el caso de las ciudades flamencas pero no es extensible a otros ámbitos. En Italia, la pequeña nobleza de propietarios terratenientes jugó un papel importante en la vida urbana y participó en el comercio controlando la actividad mercantil. Esos nobles formaron parte de las sociedades mercantiles como socios a principios del siglo XI y durante los siglos XI y XII se comprueba que el control del comercio estaba en manos de familias feudales.

La aproximación y posterior implantación de la nobleza en las ciudades tuvo diferentes ritmos según zonas y países. Dentro de Italia, en Génova en el siglo XII los vizcondes eran familias como los Burone, los de la Volta, los Mallone, los di Castro y los Embriaco. A lo largo de los siglos XII y XIII su hegemonía fue contestada por hombres nuevos que procedían del comercio, tales como los Doria, los Cigala y los Lecarti, cuyo papel fue muy importante para la organización del gobierno comunal. En Milán, los *grandi* o patricios se reclutaban de entre la alta nobleza y los grandes propietarios terratenientes, y fueron pocos mercaderes los que participaron en la recuperación del poder frente al obispo, que era la autoridad política urbana. En Florencia el peso del cambio hacia la constitución del gobierno comunal lo llevaron las familias del viejo patriciado de naturaleza semi-feudal. Los grandes mercaderes se unieron en el siglo XIII para enfrentarse a ese grupo instalado en el poder.

El desarrollo de las ciudades se debió a la formación de un grupo social más rico y más fuerte que los otros, que usurpó las funciones públicas y financieras a los grandes feudatarios y dio a su unidad social y de clase una base territorial. Este grupo estaba formado sobre todo por pequeños vasallos y grandes arrendatarios enfiteúticos y grandes propietarios, que habían desarrollado un interés directo por el comercio. En Italia, no parece excesivo afirmar que los primeros pasos del autogobierno urbano medieval se dieron al mismo tiempo que se creaba un grupo dominante de origen feudal y aristocrático, que controló la vida ciudadana y el comercio.

Pero la historia de este patriciado fue cambiando a medida que las viejas familias se fueron adaptando a las transformaciones que experimentó el comercio. Así se fue elevando un grupo en parte feudal-aristocrático y en parte mercantil, como los *magnati* de Bolonia, formado por nobles aburguesados y unidos por matrimonios. En otras ciudades, el viejo patriciado se mostró menos flexible y eso provocó que surgieran nuevos y potentes grupos fuera de sus filas que les arrebataron sus prerrogativas a los grandes y les obligaron a compartir el poder.

En cualquier caso, la sustitución de un grupo por otro no supuso la introducción de grandes cambios en la organización de la ciudad, ya que muy pronto se organizó un nuevo grupo poco diferenciado del anterior.

En Inglaterra, se sabe que en Lincoln el patriciado procedía del grupo de los propietarios terratenientes, poseedores de tierras, que mantenían vínculos feudales y que esporádicamente hacían fortuna con negocios de comercio. Eran ciudadanos modélicos unidos familiarmente a la pequeña nobleza y a los pequeños propietarios, que consideraban el comercio como algo poco honorable para la memoria familiar, pero lo practicaban.

También en Noruega, los principales mercaderes en los siglos XII y XIII eran grandes eclesiásticos y grandes propietarios de tierras. En Bergen, mientras tanto, la élite comercial estaba constituida, además de los alemanes de la Hansa, por importantes funcionarios que poseían bienes en la ciudad. En Flandes, ya Pirenne afirmó que en el siglo XI se había producido la fusión entre la clase de los caballeros y los comerciantes para dar origen al patriciado. En Renania y en Lieja, ciudad de señorío episcopal, fueron los *ministeriales* o agentes del señor los que entraron a formar parte del patriciado, siguiendo un modelo bastante extendido por Alemania. Las rentas y beneficios urbanos, basados sobre la acumulación de propiedades exentas de impuestos y el goce de autonomía jurisdiccional garantizaban el enriquecimiento creciente del patriciado, que a fines del siglo XII dominaba en solitario la ciudad y tendía a interesarse por el territorio circundante, que todavía se encontraba bajo el poder de los feudales.

En Italia, la aristocracia, surgida de las funciones que se ejercen en la ciudad en torno al obispo, representaba el grupo social dirigente, el más rico y el más fuerte. Las preocupaciones de esta clase social son simples: quieren el control militar y judicial de la ciudad. El resto parece no importarles tanto, ya que su riqueza procede de las actividades agrarias principalmente y poseen tierras y hombres. Su influencia iba desde la posesión de la *rocca* o fortaleza hasta su infiltración en las cofradías y en los negocios mercantiles de los que participaban. Esas ramificaciones explican el carácter abierto de esta clase social, que permitiría nuevas incorporaciones de miembros hasta mediados del siglo XIII. En 1286 se cerró el "libro de oro" de las *case vecchie e nuove* en Venecia. El grupo de los nobles se calcula hacia 1230 en 180 familias en Venecia, 46 en Lubeck, 95 en Arlés y 25 en Barcelona.

La situación de la aristocracia religiosa parece distinta. Aunque se mantenían lazos familiares entre los linajes militares y el episcopado, la Iglesia no poseía los medios de acción que estaban al alcance de la nobleza laica terrateniente. Sus dominios fueron tan grandes como los de esta, disfrutaban de copiosas rentas y a ello se añadían los derechos condales que ejercen los obispos en las antiguas ciudades romanas. Además, el obispo, en ciudades como Milán, Pisa, Pavía o Colonia, tenía propiedades y un ejército pero no podía controlar por sus medios a la nobleza laica. A comienzos del siglo XII la situación de los obispos en la ciudad era precaria ya que se enfrentaban a las reclamaciones de la aristocracia que pretendía el control administrativo y judicial, mientras se les escapaba el control de los asuntos militares y económicos.

6. LA VIDA POLÍTICA EN LAS CIUDADES

La emancipación urbana se alcanzó tras levantamientos frente al poder que dominaba la ciudad, pero no siempre fue violenta y explosiva. Algunos cronistas contemporáneos rechazaban y despreciaban con horror lo que representaban esas formas de gobiernos urbanos a los que se denominaba *comunas*. Así, Guibert de Noguent, canónigo de Laón, decía en 1125: "Comuna, palabra nueva y detestable...", rechazando todo lo que significaba el cambio político que habían conocido las ciudades de Francia e Italia desde fines del siglo XI. Recordemos que la mayoría de las ciudades habían surgido o se habían desarrollado al amparo del poder señorial, beneficiándose del escaso interés que el mundo feudal puso en ellas. A fines del siglo XI, las ciudades buscan el autogobierno como vía para garantizar la paz y favorecer el desarrollo del comercio y la artesanía. La forma política del autogobierno se manifestó diferente en las distintas regiones y países, y en cada una de ellas contó con los elementos sociales activos que a su vez se diferenciaron por su poder y su determinación en la lucha. Los primeros pasos hacia la constitución de formas políticas de autogobierno de las ciudades se dieron en Italia. A medida que conocemos mejor la sociedad urbana sabemos que las primeras acciones hacia la organización del gobierno político en las ciudades no fueron dadas ni por los grandes mercaderes, ni por los ciudadanos que se agrupaban alrededor del obispo, ni tampoco por las gentes del campo llegadas a la ciudad. Detrás de ese movimiento de emancipación se encontraban miembros de la aristocracia que se convirtieron en el principal motor del cambio. Esta interpretación parece distanciarse de la expresada por algunos historiadores italianos que, si bien aceptaban el papel de los grupos de la aristocracia, mantenían que la ciudad presentaba modelos que se convertirían en el ámbito de opción para un poder alternativo al feudal o al mantenido por cualquier señor.

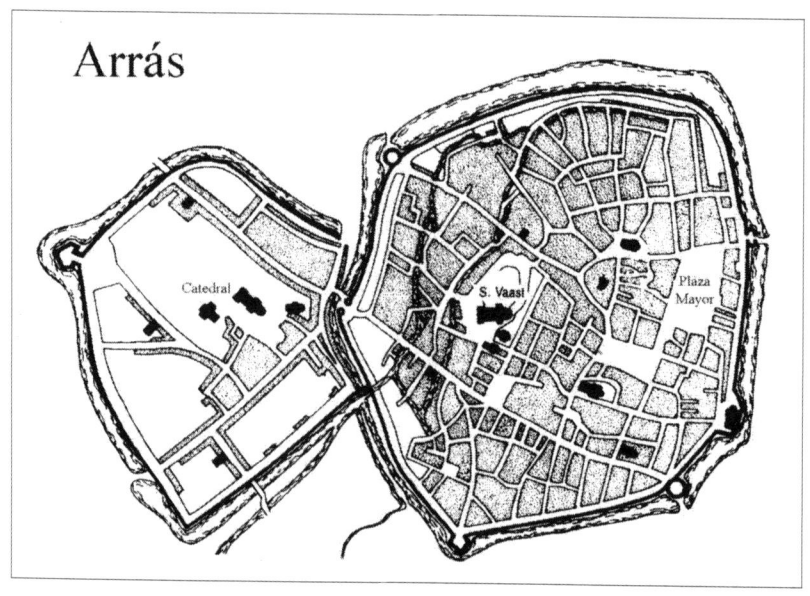

Plano de Arras.
POUNDS, N. J. G.: *La vida cotidiana...*, op. al., pág. 352.

Conviene tener presente que el poder del obispo se había reforzado en el siglo x al ejercer desde la ciudad la *districtio*: capacidad de poder en el ámbito contiguo de la tierra. Los emperadores alemanes a partir de Otón I se preocuparon por insertar su poder en el *regnum* con una posición definida. Todo lo cual contribuyó al refuerzo de la potestad del obispo que reunía funciones espirituales y temporales. No olvidemos que el obispo actuaba como aglutinante de los ciudadanos debido a su función sacramental, y en tanto que poder tenía una tradición que ningún laico le podía disputar, ya que su presencia en la ciudad se remontaba en el tiempo hasta los primeros siglos de nuestra era. Desde la ciudad, el obispo fue ampliando su jurisdicción como una mancha de aceite sobre la tierra que rodeaba en la ciudad, conocida como *contado*. Bajo el poder señorial del obispo surgió la posibilidad para algunas personas de ejercer cargos y oficios en el gobierno de la ciudad, ofrecidos a miembros de las familias de la nobleza del condado.

La reforma eclesiástica iniciada en el siglo xi por Gregorio VII y la querella de las investiduras, que enfrentó a papado e imperio

LA VIDA POLÍTICA EN LAS CIUDADES

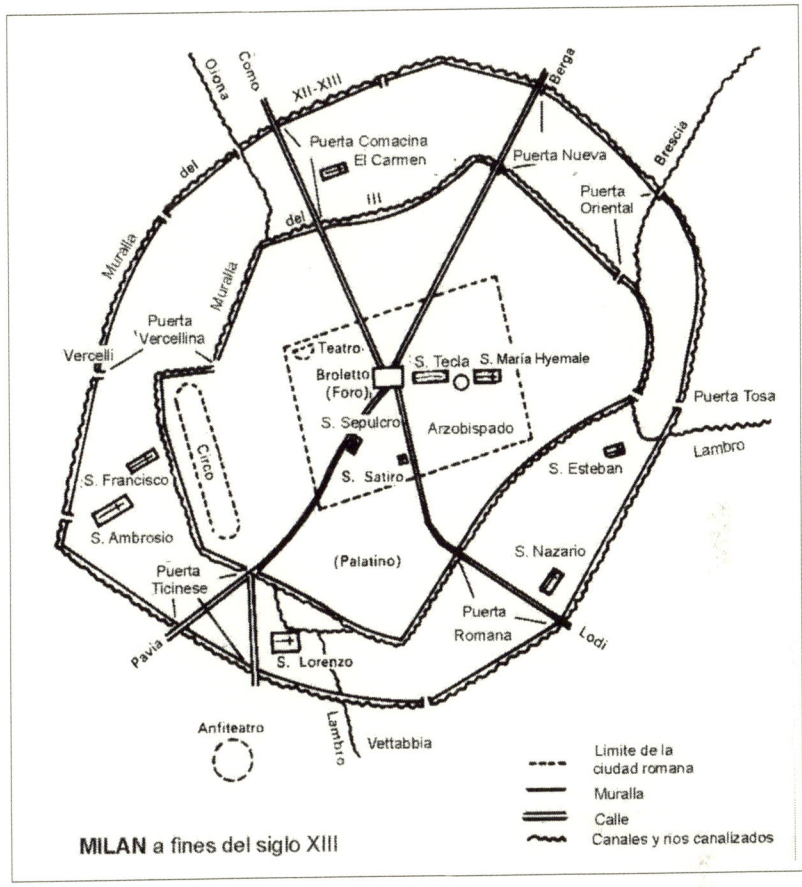

Plano de Milán.
SANFILIPPO, M.: *Le città medievali.* Turín, 1974, pág. 63.

a fines del mismo siglo, tuvieron consecuencias políticas en el mundo urbano. Las persecuciones que el papado lanzó contra los obispos que no se sometían a Roma y llevó a muchos de ellos a buscar apoyo en el poder laico, con el consiguiente desprestigio ante la población urbana. No olvidemos que en estos momentos el papado reformador buscaba la reconstrucción del patrimonio de la Iglesia, alienado e infeudado a nobles vasallos, la reforma de la vida canónica y el fin de la simonía y el nicolaismo, y la separación entre *regnum* y *sacerdocium*. De ese modo, cabe reconocer la influencia de acontecimientos de alta política en el desarrollo de la ciudad.

a) La liberación de las ciudades. La constitución de *comunas*

El término *comuna*, que significaba unión, muy pronto se identificó con asociación ciudadana. Ni la prevención de Guibert de Nogent que por su condición de clérigo se mostraba temeroso de los posibles cambios y violencias, que se producían en algunas ciudades de Francia, ni el entusiasmo de los revolucionarios del siglo xix, que vieron a la comuna como la sublevación de la burguesía naciente, pueden desviar su interpretación histórica. Las comunas se constituyeron en la mayor parte de las ciudades europeas y la diversidad de situaciones y circunstancias históricas dificulta una única interpretación. Sabemos que en muchos casos surgieron como asociaciones juradas que obtenían del poder feudal la confirmación de sus usos y costumbres, el derecho a elegir a sus magistrados, encargados de defender sus privilegios, y a ejercer una jurisdicción más o menos amplia. Detrás de esas asociaciones, llamadas comunas, se encuentra el deseo de resolver problemas y amenazas que preocupaban a los habitantes de las ciudades, tales como la garantía de la paz. Así, su actuación se considera que responde a la necesidad de llenar un espacio político desatendido por los poderes feudales y responder a las demandas de los grupos sociales urbanos. En la fragmentación política que caracterizaba al mundo feudal, el poder pertenecía a los castellanos, situados en la base de la pirámide social, a los señores y a los príncipes que ejercían sus derechos de justicia, protección y orden en el ámbito rural, pero que veían limitado su poder dentro del recinto de la ciudad. Allí, los obispos se habían convertido en los defensores de la comunidad y habían obtenido privilegios y sanciones que les convertían en un poder público, pero su capacidad también se vería limitada a partir del siglo xi, cuando se denunciaran los casos de feudalización de las instituciones de la Iglesia.

Se comprende que las ciudades se hubiesen desarrollado, desde un punto de vista institucional, aprovechando cierto vacío político, y en ese sentido, no cabe interpretar el movimiento comunal como un desafío político al feudalismo sino como una forma de integración de las ciudades en la sociedad feudal. La nueva situación tampoco fue liderada inicialmente por los mercaderes y artesanos, ya que fueron ciudadanos más poderosos y sólidamente asentados los que acabaron tomando una parte del poder político.

El gran móvil de la emancipación urbana pudo ser la necesidad de paz y seguridad, y evitar los abusos de los señores que tanto perjudicaban a los ciudadanos y a la actividad mercantil. Estas razones de carácter interno parecen justificar el origen de la comuna medieval que surgió tras el pacto voluntario de todos los ciudadanos, sellado por un juramento *(conjuratio)*, que ponía en plano de igualdad a todos sus miembros. Detrás de ese pacto por garantizar la paz se encontraban las agrupaciones de oficios o de vecinos, organizados en hermandades, cofradías o guildas, en las que los habitantes de las ciudades se agrupaban con objeto de garantizarse colaboración y defensa mutuas. Pero además ese pacto voluntario de los ciudadanos, sellado por un juramento, buscaba en ocasiones el apoyo del clero local y de los grandes. Aunque en la mayoría de las ocasiones la defensa de la paz urbana suponía frenar las arbitrariedades de los señores. Por ello las comunas chocaron con los poderosos en muchas ocasiones y el éxito de su empresa dependió de la resistencia de los señores locales.

Ciertamente las reacciones de los señores laicos y de los reyes no siempre fueron de oposición tajante al movimiento comunal. Para los primeros fue importante el comprender que al limitar sus impuestos y obligaciones podían facilitar el desarrollo del comercio y beneficiarse del cobro de otros impuestos, como el *teloneo* y otros que gravaban el tráfico de mercancías. Por eso algunos señores laicos entraron a formar parte de la *conjuratio* y de ese modo se comprometían a garantizar el mantenimiento de la paz. Los monarcas también favorecieron en ocasiones a las comunas a cambio de compensaciones financieras y militares. Así actuó Felipe Augusto de Francia al favorecer la institución de comunas en los territorios fronterizos a los dominios de los Plantagenet. Sin embargo, fuera de Italia el clero mantuvo una postura más radical ya que durante mucho tiempo fue un obstáculo para el movimiento comunal. Su oposición se explica porque consideraban que el movimiento comunal privaba a los obispos de su autoridad y se apoderaba de las instituciones de paz, al tiempo que se servía de una institución igualitaria (la *conjuratio*) y lo hacía en el seno de una sociedad jerarquizada. En algunas ciudades como Laón (1112) la resistencia de los obispos a aceptar estos cambios dio lugar a enconadas revueltas, mientras que en otras, como Le Mans (1070) y Noyon (1108), apoyaron a la comuna urbana. En cuanto al *consulado*, órgano restringido que gobernaba la ciudad, la historiografía está de acuerdo con la afirmación de que la delegación de su representación política por los *cives*, ciudadanos, en sus *consules* marca propiamente el nacimiento de la *comuna*. Pero ni el *consulatus* ni la *comuna* se conciben sin concordia.

Flandes

En Flandes las ciudades, desde fines del siglo XI, aparecían como un área de concentración privilegiada de la actividad productiva no agraria, que representaba casi una isla en el cuadro de la Europa centro-septentrional. En estas ciudades el poder lo ejercían los mercaderes junto a los hombres de armas al servicio del conde. La riqueza económica se basaba en el desarrollo de una industria textil que contaba con abundante mano de obra, que procedía del mundo rural y se integraba en las ciudades, y se completaba con una constante y lucrativa exportación. Desde fines del siglo XII, algunas de las grandes ciudades obtenían un reconocimiento de hecho de su propia independencia. Ese logro representaba la culminación de un proceso lento y gradual que mantenía a la cabeza a las asociaciones de mercaderes *(guildas)*, que ya estaban presentes desde la primera mitad del siglo XI en ciudades como St.-Omer, Tiel o Valeciennes. Las ciudades consiguen a veces el apoyo condal a cambio del pago de contribuciones extraordinarias y por esa vía logran el reconocimiento de capacidad judicial, militar y a veces tributaria de sus ciudades.

En Flandes, los mercaderes eran un grupo profundamente enraizado en la vida urbana y constituyeron, poco a poco, la nueva clase dirigente. El fenómeno más llamativo fue la lucha del nuevo "patriciado", formado por la suma de mercaderes, emprendedores artesanos y propietarios de bienes inmuebles, contra los señores para obtener mayor libertad en el uso del suelo urbano y abolir los privilegios feudales que capacitaban a laicos y a eclesiásticos a cobrar el *census mansionibus,* o tasa sobre los que ocupaban las casas de la ciudad.

La primera que lo abordó fue Gante (1120) y a continuación le siguieron otras ciudades que aprovecharon el desconcierto que siguió al asesinato de Carlos el Bueno en 1127. En ese mismo año el conde Guillermo de Normandía concedió a Brujas y a Ypres la abolición del censo y del *telóneo,* y el permiso de construir un muro alrededor de los nuevos barrios de comerciantes y artesanos.

A pesar de que los hombres del gobierno urbano se hacían llamar *escabini,* siempre fueron miembros de las clases dirigentes de la ciudad más que representantes del conde o de la nobleza. En 1168 Felipe, conde de Flandes, concedió amplios privilegios a Brujas, Ypres, Gante y Audenarde. Con otro que Matilde de Portugal concedió a Gante en 1191 la ciudad amplió sus capacidades, ya que se le permitía construir nuevos muros de defensa y gobernarse sin ninguna interferencia externa.

En 1194, en Arrás, se inició una segunda fase institucional en la que los patricios asumieron directamente el poder, a través de un mecanismo electoral basado en la cooptación que excluía, de hecho, la participación en el gobierno de las nuevas clases populares de sectores populares medianos y pequeños. Ese modelo fue imitado rápidamente por otras ciudades flamencas en el curso del siglo XIII.

Las ciudades francesas

El caso de las ciudades francesas resulta difícil de reducir a una sola explicación, debido a la variedad de situaciones. Las ciudades entre el Loira y el Rin accedieron al poder, entre 1070 y mediados del siglo XII, por la vía radical de la *conjuratio* frente al poder y crearon *comunas* formadas por burgueses con capacidad judicial, militar y fiscal. Se trataba de ciudades episcopales en las que el poder del obispo se resistió a los cambios. Es el caso de Mans, Cambrai, Noyon, Laon y Valenciennes, Sens, Worms y Vezelay.

En la ciudad de Cambrai, los ciudadanos acceden al poder en el curso de los siglos XI y XII; proceso que se vio seguido por la absorción de la organización *comunal* bajo el amparo del obispo. Los ciudadanos se habían rebelado contra el obispo en 1076, pero el obispo logró reducirlos por la fuerza. Parece probable que la revuelta se originase tras la reintegración de derechos al *castellano* Hugo, señor feudal que ya había sido combatido por los ciudadanos a causa de sus abusos. El período de anarquía que siguió a la rehabilitación de Hugo puso de manifiesto el enfrentamiento que este personaje mantenía tanto con importantes feudatarios, que residían en el campo, como con ciudadanos movidos por el deseo de defender los privilegios de la ciudad. Con la elección del obispo Galcheri (1092) se restableció por la fuerza la supremacía urbana basada sobre la paz *(pax et requies)*, y se saldó con daños causados a los feudales en sus castillos del territorio. Por esa fecha se construyó, gracias al esfuerzo conjunto de ciudadanos y obispo, el primer recinto amurallado de piedra que sustituyó a la empalizada de madera y tierra que había. Otro recinto más pequeño se construyó más tarde para proteger a la catedral y la residencia episcopal.

A partir de esos episodios, parece que fueron factores externos los que perturbaron el curso de los acontecimientos en la ciudad de Cambrai. Así, las maniobras del conde de Flandes que permitieron la separación del territorio de Arrás del control territorial de Cambrai, y que estimularon permanentemente a los señores feudales a la revuelta. Además, los señores feudales aprovechaban los momentos de debilidad ciudadana o de vacante de la sede episcopal para refugiarse en el campo y desde sus fortalezas destruían las cosechas y amenazaban a la población, a fin de volver a instaurar por la fuerza sus prerrogativas. Estas acciones de los nobles establecidos en la ciudad, *casati*, prueban que su residencia en la ciudad era forzada y que cuando las circunstancias se lo permitían lograban evadirse a sus residencias fortificadas del campo, obligando a los ciudadanos a pagarles rentas en especie. Son estos *casati* el conjunto de linajes nobles que constituyen el núcleo de la pequeña nobleza feudal (familias, *consorterie*, dinastías), que se enfrentaban al crecimiento del poder de la burguesía urbana. Ambos contendientes van a saber aprovecharse de las circunstancias de la lucha de los grandes poderes: el obispo, el rey o el papa.

En las ciudades de Francia central el otorgamiento de franquicias y libertades se obtuvo de reyes y señores a cambio de compensaciones financieras y servicio de armas. Así, si el camino hacia la constitución de comunas fue difícil para algunas ciudades francesas, otras lograron la concesión de privilegios y libertades sin haber llegado a formar *conjuratio,* como en el caso de París y Orleans, las ciudades más importantes del dominio de los Capeto, reyes de Francia. Otras ciudades, que habían permanecido bajo la autoridad de algún príncipe, recibieron franquicias pero pocas capacidades administrativas y políticas. Ese fue el caso de las ciudades francesas bajo dominio de los Plantagenet, en las cuales los reyes de Inglaterra elegían a los alcaldes de las ciudades, que se gobernaban por las Constituciones de Rouen.

Inglaterra

Las ciudades inglesas se caracterizan por su pequeño tamaño, por estar muy integradas en la vida y actividades agrarias y por haber sido manipuladas por la intervención del poder real. Aunque el desarrollo de las ciudades inglesas fue lento y de menor relieve, en comparación con Flandes, las que los monarcas ingleses poseían al otro lado del canal de la Mancha se beneficiaron de la generosa política desarrollada por los sucesores de Enrique II (1154-1189). Tanto Ricardo I (1189-1199) como Juan I (1199-1216) consiguieron apoyo y financiación, otorgando a las ciudades cartas de privilegio. Hacia 1216 eran unas 70 ciudades las que habían logrado sus libertades y, del cuidado con el que se trataba a Londres en los capítulos de la *Carta Magna* (1215), se deduce que los barones de la nobleza inglesa querían estar a bien con los burgueses. De unas 160 ciudades nuevas fundadas en Inglaterra desde 1066 a 1370 (un 40% de ellas entre 1151 y 1250), sólo un 12% lo fueron por el rey, mientras el 78% lo fueron por señores laicos o eclesiásticos.

El ejercicio de un mayor grado de autonomía en la vida política de las ciudades tuvo lugar en un amplio contexto de participación social, que se consolidó con el desarrollo de la legislación y la fiscalidad en el siglo XIII. Hacia 1300 se alcanza gran capacidad de autogobierno y una estructura política en la mayoría de las ciudades que, tras ser sancionada por la autoridad regia o señorial, les permitía contar con capacidad legislativa y ejecutiva. Tal y como se ha probado en el caso de Oxford, las ciudades se convirtieron en una agrupación de asociaciones. En la constitución municipal de Oxford se perpetuaba el recuerdo de que la ciudad había surgido como expresión del poder regio, en la figura del *portreeve*, que a mediados del siglo XI era probablemente el representante del rey y del *sheriff* en la administración del lugar. También se documenta la existencia de una corte de justicia especial para la ciudad que se conoce con el nombre de *portmanmoot*,

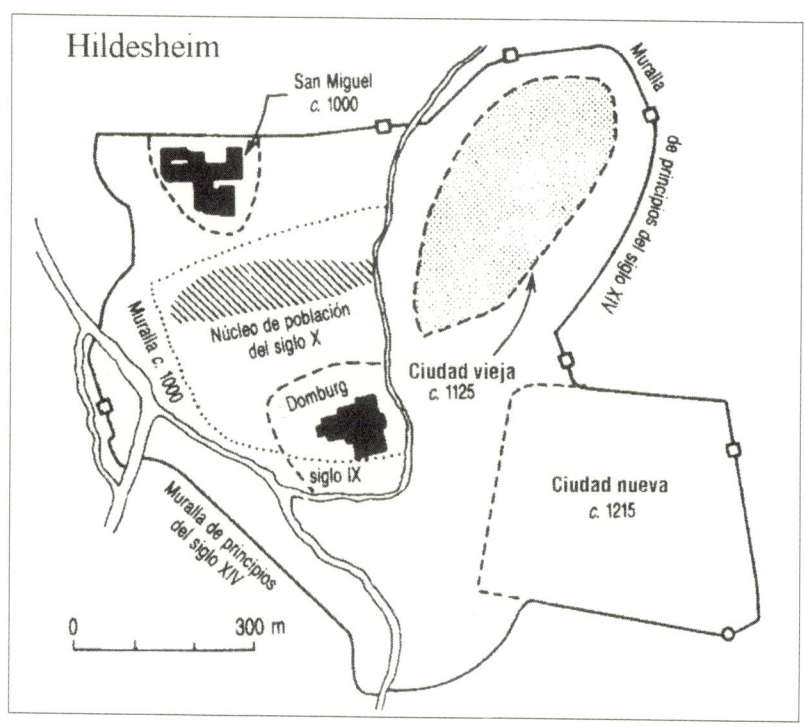

Plano de Hildesheim.
POUNDS, N. J. G.: *La vida cotidiana...*, op. cit., pág. 351.

nombre tomado del antiguo inglés. También en Oxford la guilda de los mercaderes jugó un papel importante al servicio de los ciudadanos desde 1100, y hacia 1147 daba su consentimiento a algunas de las actuaciones del *portmanmoot*. Pero esto es todo lo que sabemos acerca de los inicios de la estructura de gobierno de la ciudad. En 1155, una carta de confirmación del rey Enrique II confirmaba privilegios que había concedido su antecesor Enrique I. En esa carta se aludía a la guilda de mercaderes a quienes se reconocía derecho exclusivo para comerciar en la ciudad, recibirían exenciones en Inglaterra y Normandía, en las mismas condiciones que los ciudadanos de Londres, y garantías en caso de ser juzgados por tribunales que no fuesen de la ciudad. Estas últimas disposiciones indicaban que sus negocios se ajustaban a leyes consuetudinarias compatibles con las formas de vida urbanas, si bien resulta difícil precisar el papel jugado por la guilda de mercaderes de Oxford para alcanzar todas esas libertades y privilegios. Ya en un documento de 1191, en el que se regulan unos derechos de acceso a pastos, figuran "los ciudadanos de Oxford de la comunidad de la ciudad y de la guilda de mercaderes", y está sellado con el sello de la ciudad. En 1199 el rey Juan capacitaba a los ciudadanos para recaudar los impuestos bajo la supervisión del *sheriff* correspondiente. Finalmente en 1257 los ciudadanos quedaban capacitados para hacer la recaudación y entregársela al *exchequer*, poniendo fin al control que sobre las finanzas del lugar realizaba el *sheriff*. El desarrollo municipal de Oxford quedó definido, a partir de 1200, en sus rasgos fundamentales y muy pronto se produjeron unificaciones en su interior, al tiempo que se revisaban las relaciones con los poderes exteriores. Queda así probado el poder que ejercía la élite mercantil de Oxford que controlaba el gobierno urbano.

La unificación del derecho fue otro aspecto que contribuyó al desarrollo político de ciudades que controlaban un espacio jurisdiccional, pero en ocasiones se produjo con gran lentitud debido a las resistencias señoriales de obispados, abadías y otros centros eclesiásticos. Los grados de libertad de gobierno que alcanzaron las ciudades variaron mucho. Para muchas ciudades del siglo XII que eran centros urbanos relativamente desarrollados, el autogobierno estaba muy lejos de su alcance. Generalmente contaban con sus propias cortes de justicia en las que se preservaba y generaba un derecho apropiado a las necesidades urbanas, al tiempo que mantenían el reconocimiento a la autoridad del rey o de otro señor, expresado en el pago de un impuesto llamado *farm*. Se trataba de un impuesto acordado entre la ciudad y el señor que sufrió variaciones. Aunque el monto de *farm* descendió en este período, tampoco hay que olvidar el interés que los monarcas ponían en las recaudaciones fiscales.

Poco a poco fue calando la idea de que el aire de la ciudad hacía libres a sus habitantes. Pero esa libertad de los ciudadanos contrastaba con el sometimiento que las ciudades tenían respecto al monarca o al señor, ya que la mayoría de las ciudades inglesas continuaban bajo la autoridad regia o señorial a fines del siglo XII. Se conoce mal el curso de acontecimientos que llevó a algunas ciudades inglesas a constituirse en comunas. En el caso de Londres y de otras ciudades que lograron libertades en los reinados de Juan sin Tierra y Ricardo I, sabemos que tuvieron mucha importancia las necesidades financieras que acuciaban a los reyes embargados en costosas guerras en Francia. Generalmente, la concesión de libertades se entregó a los ciudadanos a cambio de grandes sumas de dinero.

Alemania

Alemania constituía el núcleo principal del Sacro Imperio romano-germánico desde mediados del siglo X. Se calcula que en esta zona una cuarta parte de las ciudades era de origen romano y las restantes de fundación medieval. Para algunos autores alemanes (Planitz, Bosl y Schlesinger) la ciudad representaba un fenómeno de civilización en el mar feudal. Durante los siglos X y XI los diplomas otorgados por los Otones y los Salios, familias de estirpe imperial, prueban el control que los emperadores tenían sobre las ciudades. Hasta la llegada de los Hohenstaufen al poder no encontramos el *palatium*, residencia imperial, instalado en la ciudad.

Los obispos que mantenían su presencia en las ciudades representaban el poder de los emperadores y, en consecuencia, no lograron desarrollar esa afinidad de intereses políticos con los ciudadanos que los obispos alcanzaron en Italia. La población urbana se componía de *vecinos* que aparecían organizados en parroquias, en ciudades como Verdún y Colonia. Los miembros de un mismo barrio se agrupaban bajo la autoridad de un *burgmeister*, elegían a su párroco y asumían tareas de defensa y de responsabilidad fiscal. El otro sector de la población urbana lo forman los *ministeriales*, oficiales al servicio de los feudales encargados de tareas de administración y de defensa. También conocidos como *milites*, estos hombres de armas participaban en tareas de justicia, se responsabilizaban de las instituciones de paz y en sus actuaciones se servían del arbitraje para resolver las causas. Pero además, los ministeriales de algunas ciudades como Colonia desde 1180 estaban organizados en sociedades de poderosos que mantenían bajo control los cargos de *Bürgermeister* (alcaldes), de *jurados* y colocaban una buena parte de los miembros del Consejo. Poseían derechos y privilegios, mercancías y bienes excedentes de sus dominios, propiedades inmuebles y capital para efectuar préstamos. Su papel fue decisivo en el desarrollo de la economía mercantil y del comercio. Los ministeriales, aunque de origen feudal, representaban el vínculo seguro para el orden interno de las ciudades.

En las ciudades también tenían presencia los linajes nobiliarios de construcción feudal denominados *Geschlecht*. Los linajes tejían en la ciudad la malla de sus clientelas, que situaban entre los ministeriales y milites.

Los comerciantes, documentados desde el año 1000, se beneficiaron de la protección otorgada al comercio en las ciudades y constituían el grupo de los *meliores* o *primores* en ciudades como Toul, Colonia y Ratisbona. Existían gremios y asociaciones de artesanos en la mayor parte de las ciudades alemanas desde mediados del siglo XII. Tanto las asociaciones de artesanos como las de mercaderes se convirtieron, con sus prácticas de ayuda y solidaridad, en un importante elemento de estabilidad urbana y, durante los siglos XII y XIII, supieron enfrentarse a los intereses egoístas de los poderosos.

Italia

En Italia centro-septentrional la aparición de formas de autogobierno urbano se produjo a fines del siglo XI. Una de las particularidades del fenómeno urbano en Italia es su continuidad respecto a los primeros siglos de nuestra era y a ello se añade una segunda, que es la integración campo/ciudad, que no permite hablar de una oposición entre esos dos mundos, tal y como se ha señalado para otros países de Europa. Durante el período de dominación carolingia sobre Italia, la institucionalización de la dominación franca aparece asociada a la señorialización del territorio que realizaron las familias de condes y marqueses. Bajo los Otónidas, emperadores de Alemania, se observa una mayor preocupación por lograr un ordenamiento territorial uniforme y la voluntad hegemónica del poder imperial sobre la multiplicidad de poderes. En los núcleos urbanos, durante el siglo X, se constata el crecimiento del poder episcopal que se extiende más allá de los confines de la ciudad, en lo que se conoce como *districtio*.

El ejercicio de la *districtio* se considera un aspecto de la conquista gradual del poder por parte del obispo. Ese proceso se puede seguir en sus diversos pasos debido a que, por lo general, la concesión de tierras y de posesiones al obispo podía ir acompañada de un documento de confirmación de la *publica functio* sobre esas tierras de la Iglesia. Parece que ahí se iniciaba una faceta del poder del obispo que le llevaba a entrar en concurrencia con el poder del conde o de sus funcionarios y delegados.

En la ciudad, el obispo ejercía su poder jurisdiccional sobre los ciudadanos sin que les supusiera la pérdida de su libertad personal, al tiempo que encontraban en la figura del obispo la garantía del mantenimiento de sus leyes y costumbres. Al servicio del obispo algunos ciudadanos tenían la oportunidad de ejercer oficios y competencias jurisdiccionales, oportunidades que fueron aprovechadas por miembros de las familias de la nobleza, instalados en la ciudad.

Durante la lucha de las investiduras a fines del siglo XI, las ciudades se vieron afectadas por las consecuencias de la reforma eclesiástica, debido a las persecuciones contra obispos emprendidas por el papado. Estos buscaron apoyo en el poder de los laicos y en consecuencia su imagen perdió prestigio entre los habitantes de la ciudad. A esto se añadió la ruptura entre *regnum* y *sacerdocium,* desde fines del siglo XI a mediados del XII, que afectó a la relación entre Imperio y diócesis. En resumen, fuerzas extrañas a la ciudad la afectaron en el momento en el que surgían las formas de gobierno comunal.

El origen del *comune* se relaciona con la exigencia de garantías a sus derechos que planteaban los ciudadanos y que estaban en la base de su toma de conciencia política. Su reclamación se centraba en dos aspectos: uno era la participación en el poder y en los órganos de control del mismo y el otro asegurar la capacidad de intervención de la gran asamblea llamada *concio, conventus* o *arengo,* y en la elección del *consulado.*

Se observa que los primeros movimientos dentro de las ciudades fueron asociados a intereses privados, ya que los *con-*

sorterie, en que se constituían los linajes, tomaron la iniciativa movidos por la defensa de sus necesidades de expansión marítima o de control del territorio. Estas eran estructuras sociales en las que sus miembros se integraban tanto por vínculos de sangre como por tener intereses comunes. También se denominaban *domus* y permitían reconocer una creación social original, realizada por una clase política que es la que encarna el poder del *comune* y constituye su gobierno hasta el primer tercio del siglo XIII. En su interior se integraban elementos de la nobleza militar caballeresca, letrados y oficiales, mercaderes, artesanos y gentes sencillas.

Durante el período del *comune* se desarrolló una condición política más que económica del poder, que sí resulta compatible con estas formaciones complejas en las que la nobleza tenía un papel destacado. La transformación paulatina de estos *consorterie,* asociada a factores demográficos, económicos y políticos, dio paso a principios del siglo XIII a una nueva relación de fuerzas con pretensiones políticas, en las que se decanta con mayor nitidez el papel de *magnati / popolani,* partidos en pugna que solo en apariencia reflejaban la oposición nobleza/pueblo.

El *comune* político medieval, ni siquiera en su forma plena de autonomía, fue completamente libre ya que siempre estuvo sujeto a influencias exteriores como el Imperio, el Papado, o de otros entes locales como episcopado, canónigos y órdenes religiosas. El *comune* nace como un fenómeno nuevo, a fines del siglo XI y principios del XII y los primeros ejemplos conocidos son los de Pisa (1085), Asti (1095), Milán y Génova (1097), Arezzo y Cremona (1098) y los últimos grandes comunes fueron los de Roma y Venecia (1143).

La Paz de Constanza de 1183, entre las ciudades de la Liga Lombarda y el emperador Federico I, se considera la culminación política del *comune,* cuando el poder imperial reconoció esta forma de gobierno. Por ello recibieron, desde el punto de vista formal, un privilegio en el que se les reconocían sus *consuetudines* o derechos, incluyendo las *regalias,* atribuciones reservadas al poder imperial, y otros derechos soberanos, a cambio de una compensación económica. Además el emperador confirmaría a los cónsules cada cinco años y se reservaba el carácter de apelación de su corte de justicia. De ese modo, el *comune* se legitimaba y desde la muerte de Enrique VI los lazos con el Imperio se fueron aflojando y la ciudad se vio más capaz para emprender nuevas acciones. Todo esto fue seguido de una ampliación de la *consortia*, que ya no se iba a limitar a la ciudad y al territorio sino que se iba a extender también por el *condado* o gran demarcación de espacios agrarios y aldeas de su entorno. Así, en la ciudad de Pisa en el siglo XIII el número de consortes era el doble que en el siglo precedente, lo cual prueba que estas formaciones sociales eran abiertas a la integración de nuevos miembros, siempre desde una posición de dominio de la ciudad. También se constata que se trataba de una sociedad política constituida en facciones que surgieron con mayor radicalidad en el momento en el que cambiaron las relaciones en el seno de los grupos *consorterili*.

Estos grupos mantenían su presencia en el arengo *o colloquium civitatis*, asamblea de ciudadanos a la que los *cives* habían delegado sus poderes.

b) El gobierno de las ciudades. Instituciones, oficios y oficiales

Durante los siglos XI al XIII las ciudades trataron de obtener libertad respecto a sus príncipes y señores, lo cual no quiere decir que los príncipes se opusiesen siempre a las libertades reclamadas por las ciudades. Generalmente pretendían gobernarse por sí mismas y, en este sentido, las ciudades del norte y del centro de Italia fueron las que alcanzaron mayor éxito en el logro de su independencia. Algunas lograron ese reconocimiento en el tratado de Constanza de 1183 y el resto también lo lograron de hecho en el curso del siglo XIII, cuando el proyecto político de los Hohenstaufen fracasó. Las ciudades de Flandes y de las regiones adyacentes alcanzaron un grado de libertad parecido. Su éxito fue asociado al debilitamiento del dominio de los condes de Flandes, que se produjo tras el fuerte reinado de Felipe de Alsacia (1169-1191) y se amparó en el apoyo que los Capeto reyes de Francia ofrecieron a las ciudades contra los príncipes flamencos, tras el reinado de Guy de Dampiere (1280-1305). Sin embargo, los condes conservaron alguna jurisdicción. De hecho solo la ciudad de Tournai, liberada de su obispo por sus propios medios y de la corona francesa, pudo alcanzar el grado de independencia que lograron las ciudades italianas. Como símbolo de esa realidad, su campanario fue el más alto de todo Flandes. En el resto de los territorios que constituyen la Bélgica moderna, que son las regiones de Brabante y el Liégeois, la libertad de las ciudades no fue tan amplia. Otras zonas notables por su libertad fueron Lorena y Borgoña y las áreas próximas a las áreas Occidentales del Imperio y a lo largo del valle del Rhin y sus afluentes. También lograron un alto grado de libertad las ciudades del alto Rhin, de Suabia y de Suiza que supieron sacar ventajas del período de decadencia de los Hohenstaufen. En el Sur y Oeste de Francia, Toulouse y otras ciudades lograron cierta independencia a medida que se debilitó la dinastía condal. Algunas ciudades del Languedoc lo lograron, del mismo modo que las ciudades de Provenza y del curso del Ródano, cuando se desvaneció el Imperio. Pero las ciudades del Sur de Francia perdieron su libertad a partir del 1260, a medida que el poder de los Capeto se apoderaba del Mediodía francés.

Las ciudades, en su esfuerzo por gobernarse a sí mismas, adquirían la estructura política de un señorío colectivo o de una república. Resulta curioso observar cómo las zonas de mayor libertad para las ciudades se extienden a lo largo de las fronteras de los principales bloques de poder, o bien en aquellas zonas caracterizadas por una gran fragmentación política. La más importante de ellas fue la que se extendía por las marcas occidentales y meridionales del Imperio alemán, que iban desde el Mar del Norte hacia Lorena y Borgoña, y de allí por el Ródano hasta Provenza para acabar en el Norte y centro de Italia.

En muchas de estas regiones, las dinastías de señores locales se vieron acorraladas por las grandes potencias vecinas. Ese fue el caso de la casa de Saint Gilles en el Languedoc y en Provenza, que sufrieron el acoso de los reyes de Aragón, los Plantagenet reyes de Inglaterra y los Capeto reyes de Francia. Bajo la presión de los Capeto también se debilitó el poder de los condes de Flandes. Además de estas circunstancias políticas, Flandes y el Norte y centro de Italia tuvieron otra gran ventaja, debido a que eran las regiones más urbanizadas de Europa y dispusieron de recursos artesanales y comerciales que les permitieron conseguir sus propósitos.

La proyección de esos deseos de libertad urbana se lograba en formas de gobierno organizadas a partir de la elección realizada por la gran asamblea o *arengo* en Italia, que funcionaba en el primitivo *comune* como órgano deliberativo, llamada en algunos lugares: *colloquium, concio* o *parlamentum*. De ahí salían elegidos los miembros del *consulado*, supremo órgano ejecutivo del primer *comune*, desarrollado por una magistratura electiva, colegiada y temporal. Por la rápida rotación de sus miembros, los *cónsules*, y por la frecuencia de duración de sus cargos, pudiera ser considerada más que un "vértice social" una clase social entera participando y actuando directamente en el gobierno de la ciudad. El número de cónsules variaba, según la ciudad, entre 4 y 24 miembros, generalmente era elevado y fluctuante, lo cual hace pensar en razones de equilibrio en el gobierno del grupo dominante. En Milán había 23 cónsules en 1130, de los cuales solo 5 eran ciudadanos, mientras el resto eran hombres de armas *(capilanei* y *valvasores)*. No sabemos cómo se elegían los cónsules, aunque se supone que podían ser elegidos por los salientes y después el *arengo*, o asamblea, los aclamaba. Las funciones de los cónsules eran: representar al *comune*, convocar y presidir la asamblea, aprobar y hacer cumplir las ordenanzas, administrar el patrimonio comunal y llevar asuntos de finanzas, orden público, mando de tropas, y firmar tratados políticos y comerciales. Para todo esto contaban con una compleja máquina administrativa que ya tenía experiencia en asuntos de gobierno, debido a su estrecha colaboración con la curia episcopal.

El origen del nombre "consulado" ha sido muy debatido, aunque pudiera tratarse de una reminiscencia de los cónsules de la república de Roma, también pudiera tratarse de una asimilación del título que utilizaban algunos nobles como los condes de Tolosa y los duques de Benevento. La institución del consulado se extendió por Italia desde finales del siglo XI, pasó a Francia hasta el Languedoc occidental y llegó hasta Alemania sudoccidental. En la zona Norte de Alemania se encuentran menciones a cónsules introducidas por el lenguaje grandilocuente de los emperadores. Así en la ciudad de Lübeck se denomina cónsules a los miembros del consejo de gobierno en 1188 y lo mismo puede decirse de Utrech en 1192. La difusión del término cónsul tuvo escasa significación en estas ciudades del Norte debido a que nunca tuvieron los mismos poderes que en Italia y funcionaron como *scabini* o consejeros de las ciudades.

En Italia, en un segundo período, la asamblea de los ciudadanos fue sustituida por dos consejos: el mayor y el menor *(consiglio di credenza,* de los ancianos o de los sabios). El primero tenía un carácter deliberatorio y el segundo ejecutivo.

Otro cargo que tuvo su origen en Italia y se extendió por Provenza y regiones de Borgoña y Suabia fue el de *potestas (podestá)* que llegó a ejercer un poder supremo en la ciudad. Su función no fue tanto la de un jefe político del *comune,* sino la de un ejecutor y un garante de las decisiones tomadas en el *consiglio di Credenza* o *degli anziani,* donde se concentraba el poder del *comune.* Con la llegada del *podestá* lo unitario del ordenamiento comunal tendió a escindirse en dos: la actividad administrativa y financiera quedó bajo el control del poder ciudadano y la burocracia judicial bajo el *podestá.*

Este cargo comenzó siendo electivo y se implantó paulatinamente en las ciudades de Italia, tras la Paz de Constanza de 1183. Al *podestá* se le confería el poder y los honores de príncipe. Era aclamado y recibido con procesiones cuando entraba en la ciudad y se sentaba en un trono. Al principio, se elegía al *podestá* entre los habitantes de la ciudad, como se hizo en Pisa en 1190, y más tarde se eligió a extranjeros porque estaban menos implicados en los conflictos internos de la ciudad y podían ser fieles a los intereses del partido dominante. Se considera que la elección del *podestá* fue asociada a una situación de crisis y de interrupción del ejercicio del poder por parte de un grupo social determinado. Hubo una alternancia entre consules y *podestá ciudadano* en 40 de 60 ciudades estudiadas. Este hecho se produjo antes de la afirmación de *podestá* forastero que vino a coincidir con el acceso al poder de la facción del *popolo,* que permitió el acceso de los representantes del comercio y la artesanía al gobierno de la ciudad. De hecho la consolidación de varias organizaciones asociativas *(societates populi, societates armorum y arti)* con derechos de representación, coincide con la elección de un *podestá* forastero. Algunos de los *podestá* eran de familia noble y existían leyes que les prohibían casarse en la ciudad donde ejercían el poder y comer en privado con sus ciudadanos. Generalmente se les prohibía convocar las asambleas del *comune (arengo)* por propia iniciativa para que no pudieran convertirse en tiranos, utilizando el apoyo de la comunidad. Estaban estrictamente controlados por los consejos electos de la ciudad y el *consiglio di Credenza* era el que mantenía cierto control sobre el *comune* y sobre su *podestá,* y debían de someterse a un examen público *(sindicatio)* al término de su mandato. Se daba así un aire profesional a su cargo que duraba un año o año y medio y recibía un salario. Por lo general, fueron técnicos de la política y del derecho, eran jueces y hombres cultos. Debían de tener más de 30 años y se ponían algunas salvedades a su origen ya que en Génova no podía ser pisano ni en Bologna de la Romagna. En sus funciones se ayudaban de un séquito de juristas, notarios y escuderos. También se hizo cargo de las competencias militares y mandaba un ejército de la ciudad; esta competencia a mediados del siglo XIII pasó al *capitano dil popolo*. Se convirtieron en verdaderos profesionales de su cargo en el cual hacían brillantes carreras. Tal es el caso de Guillermo de Pusterla, ciudadano de Milán que había sido elegido podestá 16 veces en nueve ciudades y 4 en Bolonia desde 1190 a 1224.

A pesar de todas las medidas tomadas, se puede decir que por muchos aspectos el *podestá* se confirmaba como un dictador, debido a la concentración de poder que había logrado. Esa concentración de poder también se observa en las magistraturas, y el número de oficios que aumentó, al hacer oficiales a los encargados de algunas funciones liberales como médicos, maestros y arquitectos.

La *podestaría* al estilo italiano apenas se extendió fuera de Italia. La jefatura en las ciudades del Norte de Europa se asociaba a los cargos de alcalde o de mayor. Hacia 1300 hubo en el Norte de Francia alcaldes profesionales. La diferencia entre estos alcaldes y los *podestá* italianos radicaba en que eran oficiales elegidos por el rey, para que actuasen en la ciudad a su servicio. En algunas ciudades como Rouen, los Plantagenet tuvieron a bien aceptar elegir al candidato de una terna propuesta por la ciudad. Otro cargo análogo fue el de *burgomaestre (magister civium* o *magister concilii)*. En 1224 ya aparece ese cargo en Strasburgo pero no se expendió hasta 1300. Sus competencias eran la presidencia del consejo de gobierno de la ciudad pero nunca recibían transferencias de poder a su persona. Eran vecinos de las ciudades donde ejercían sus cargos que ocupaban durante un año y nunca alcanzaron la profesionalidad de los *podestá* italianos.

c) La ciudad y su territorio

Las ciudades en Italia central y septentrional muy pronto manifestaron el deseo de dominar el territorio de la diócesis, conocido como *contado,* debido a que consideraban que era un atributo más de la ciudad. La conquista no fue armada salvo raras excepciones. El interés de la ciudad por el territorio lo justificaban argumentos diversos tales como la seguridad y el control de vías de comunicación, el reclutamiento de mano de obra, asegurar el abastecimiento, controlar las inversiones de los ciudadanos y crear un colectivo de súbditos contribuyentes. A su favor pudo influir la actuación anterior del obispo, la afirmación política del *comune* que buscaba apoyos y proyección exterior, y las complejas relaciones que existían entre el poder ciudadano y feudal del territorio. El proceso de conquista del contado fue largo y paralelo a la transformación política. En los primeros momentos se vio acompañado de pactos jurados de alianza o sumisión de los grupos nobiliarios del *contado*. No hay que olvidar que algunos nobles mantenían vínculos con la ciudad en la que situaban a sus partidarios y fieles, que en ocasiones tenían que debatirse entre la expansión territorial de la ciudad y sus obligaciones militares con los señores feudales del *contado*. En este contexto habría que valorar otros factores tales como la atracción que pudo ejercer en el mundo rural la actitud abierta y permisiva de la ciudad, y la influencia de Federico I Barbarroja, que había tratado de romper la conexión entre posesión inmobiliaria y jurisdicción. En Italia las ciudades llegaron a establecer su dominio sobre provincias enteras del Imperio en el curso de los siglos XII al XV, siempre a expensas de otras a las que incorporaban generalmente por la fuerza.

Al Norte de los Alpes no se produjo un hecho parecido y no porque las ciudades no tuviesen ambiciones similares. Ciertamente, algunas ciudades llegaron a tener jurisdicción más allá de sus murallas e incluso una ciudad modesta como Provins, en el condado de Champaña, tenía bajo su administración ocho aldeas cuyos habitantes tenían voto en los asuntos de la ciudad. En Alemania, las ciudades supieron aprovechar las favorables condiciones para la expansión que ofrecía la desintegración del Imperio. Como en aquellos momentos los Estados territoriales de los príncipes solo estaban en proceso de formación, las ciudades utilizaron su especial relación con el poder Imperial como método para conseguir su expansión. La idea de ciudad imperial ya se había expresado claramente en 1226 cuando se describió a Lübeck como "ciudad libre" *(libera civitas)* y como "lugar imperial" *(locus imperii)*. En 1237 se concedió a Viena un estado legal semejante.

En cualquier lugar de Alemania donde estuviesen situadas estas ciudades –en su mayor parte se localizaban en el Oeste y el Sur– tenían bajo su poder amplias circunscripciones rurales. Lo mismo ocurría con algunas ciudades de Suabia, Borgoña y Lorena que no pertenecían al Imperio. El caso de Metz, que tenía a 150 aldeas bajo su poder, es muy significativo de las dimensiones que podía alcanzar su dominio.

d) El proceso de oligarquización. Luchas y conflictos

Se considera que si en el siglo XII muchas ciudades de nueva fundación fueron más participativas en sus formas de organización y de gobierno se debió a que en ellas se habían establecido grupos sociales relativamente poco diferenciados. Mientras que en las ciudades antiguas, con diferencias sociales establecidas, fue la necesidad de una acción solidaria para oponerse a señores y príncipes la que engendró asociaciones que proclamaban la igualdad de sus miembros. En algunas ciudades italianas esos deseos de igualdad se tradujeron en prohibiciones a los linajes de caballeros, que en muchos casos dirigieron los movimientos comunales, para construir torres más altas que las de sus rivales. Una especie de igualdad caracterizó a muchas ciudades de comienzos del siglo XII.

A medida que las ciudades fueron desarrollándose aparecieron y se perfilaron diferencias económicas y sociales en su población. Allí donde los caballeros habían vivido siempre en la ciudad, el concepto de nobleza, en desarrollo durante el siglo XIII, les separó aún más de los otros grupos sociales. En Italia la expansión de las ciudades hacia el *contado* coincidía con la aparición de cuerpos sociales autónomos, *corpus,* que se enfrentaban o se aliaban en el interior y el exterior de la ciudad. No eran grupos de nobles o de *milites*, eran *societates* de barrios de trabajadores y de mercaderes, y también contaban con hombres de armas. Esos grupos de población diferente se habían generado en el seno del antiguo *comune* y actuaban con formas más políticas que sociales bajo la denominación de *popolo* y *nobiltá*. El *popolo* definía a los ciudadanos que participan en la vida política y no a todos los habitantes de la ciudad. Todavía era un término políticamente amorfo a fines del siglo XII y se convirtió en un grupo político a mediados del XIII. La unión de la clase mercantil y artesana creó el *popolo*, pero ese fenómeno parecía responder a razones políticas más que socioeconómicas. Lo que se estaba produciendo era una redistribución del poder en el interior del grupo oligárquico, el cual se regulaba haciendo intervenir en sus contrastes y enfrentamientos a elementos externos como los ciudadanos que ya estaban apartados del poder. A través de esas luchas nuevos grupos emergentes obtuvieron participación en el poder junto al grupo vencedor. Esta interpretación rompe con la visión clásica que entendía el enfrentamiento *popolo/nobiltá* como un episodio de la lucha de clases.

Durante la primera mitad del siglo XIII los *arti*, corporaciones de artesanos, se organizaron políticamente y fueron adquiriendo un peso dominante en la constitución política del *popolo*. No en todos los casos hay una equivalencia entre *popolo* y *arti* como pasa en Lucca. En Parma sin embargo, los jefes de los *arti* lo eran del *popolo*. Lo cierto es que la presencia de los *arti* dio un contenido propio allí donde el *popolo* logró entrar en el gobierno del *comune*.

Se considera que fue el período del *podestá-forastero* el más importante del *comune* y coincidió con el acceso del *popolo* al poder en algunas ciudades. Pero este período supuso la perduración de las *consorterie* nobiliarias y el desgarro en el interior de esa nobleza. En el siglo XIII, el *cives* tenía una conciencia más amplia y compleja que en el período precedente, debido a varias razones: dominaba el *contado*, y se diferencia entre ciudadanos, de cualquier estado y condición, y *comitatini* o habitantes del *contado*. La ciudad dominante se denominaba orgullosa *republica*, tratando de aglutinar a todos los ciudadanos: nobles, mercaderes, artesanos, *milites* y clases populares. También sabemos que se resucitó el principio del derecho romano de la *publica utilitas*, que fue elemento esencial del pensamiento de Bartolo de Sassoferrato. Se desataron las luchas bajo la denominación de *güelfos* y *gibelinos*, tratando de reproducir a escala urbana el conflicto entre Papado e Imperio. En definitiva, se puede afirmar que este fue el telón de fondo sobre el que surgió la forma política de la *signoria*, que como gobierno oligárquico dominó en la mayoría de las ciudades italianas durante los siglos XIV y XV.

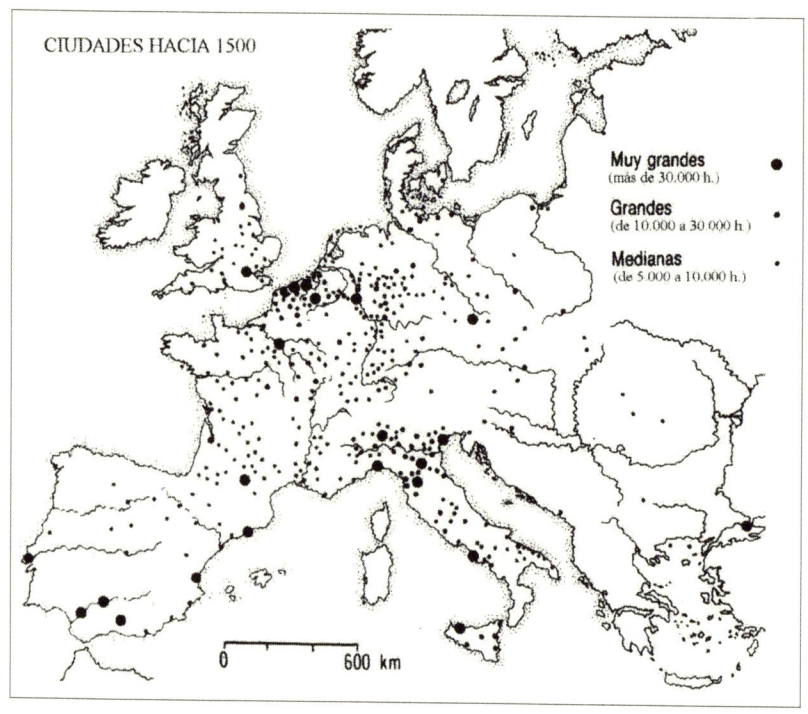

Mapa 1. POUNDS, N. J. G.: *La vida cotidiana...*, *op. cit.*, pág. 342.

El siglo XIII representa el período de afirmación de las oligarquías en las ciudades europeas; surgió una aristocracia patricia y en consecuencia las oligarquías monopolizaron los cargos y oficios de gobierno. Estas oligarquías fueron atacadas desde el exterior por el poder de los príncipes que desplegaron una política oportunista, debido a que cuando eran débiles solían apoyar a las oligarquías frente al pueblo y cuando eran fuertes se apoyaban en la plebe para debilitar al grupo oligárquico.

El acceso al poder de la oligarquía urbana fue seguido del establecimiento de una fiscalidad propia, que dotaba a la ciudad de recursos económicos y le permitía abordar diferentes empresas. Para algunas ciudades italianas las necesidades de la guerra contra los Hohenstaufen les obligaron a exigir pesados impuestos y un servicio militar. Los impuestos combinaban las imposiciones directas con los gravámenes sobre las ventas y los derechos sobre las importaciones, y fueron impopulares entre las gentes de la ciudad. A partir de 1300 las ciudades de Europa desarrollan un sistema de financiación nuevo que consiste en la venta de rentas o ingresos fijados sobre sus propios recursos y funcionaba como deuda pública. Esta fórmula fue efectiva y muy popular entre las gentes acomodadas que las compraban y se beneficiaban de los intereses pero enfurecía a los más humildes por el lastre que suponía ese endeudamiento progresivo que ellos tendrían que pagar con sus impuestos. La venta de rentas fue uno de los argumentos que movió al partido popular de Lieja a organizar una revuelta contra los patricios en 1302.

En Italia surgió en la misma época un sistema diferente que lograba los mismos fines y que derivó en la formación de una deuda consolidada en los llamados *montes* comunales. Esta fórmula se inició en las ciudades marítimas de Génova (1164) y Venecia (1171) y desarrollaba un sistema de préstamo obligatorio de dinero de los ciudadanos al gobierno de su ciudad, a cambio de su participación en los beneficios de actividades económicas.

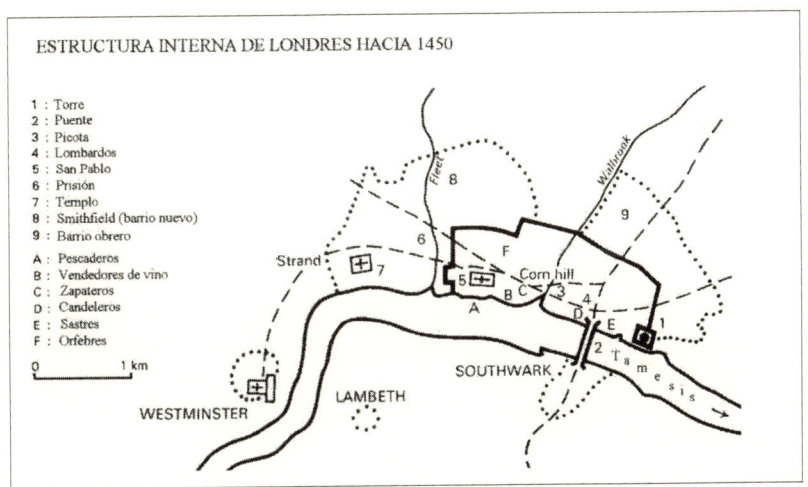

Londres.
Fossier, R.: *Histoire sociale de l'Occident médiéval*, París, 1970, pág. 334.

Con el transcurso del tiempo la deuda de los ciudadanos se dividió en obligaciones negociables, que podían transmitirse en herencia, venderse o enajenarse. Fueron los ricos comerciantes y las instituciones eclesiásticas quienes lo utilizaron como un provechoso medio de inversión debido a que los beneficios oscilaban entre un 4 y un 15% anual. Frente a esa política, los vecinos más humildes eran partidarios de los impuestos directos que gravaban bienes inmuebles y rentas frente a los indirectos que lo hacían sobre el consumo y que resultaban ser más injustos en el reparto. A ello se añadía que los miembros del grupo oligárquico podían beneficiarse de exenciones ya fuera por razón de su oficio, si eran caballeros, o por causa de su condición jurisdiccional privilegiada.

e) La teoría política y su impacto en las ciudades de la Baja Edad Media

Para determinados actos, tres o cuatro veces al año, se celebraban asambleas generales del pueblo *(canciones o parlamenta)*. A ello se añadía la tradición que pervivía en algunas ciudades de ratificar las nuevas leyes con el consentimiento de todos, a pesar de que las oligarquías habían tratado de suprimir esa tradición, controlando las convocatorias de esas asambleas, como en el caso de Arles en 1200. Lo interesante de este período es que aunque se llegara a la organización de un gobierno oligárquico se mantenía la ficción de igualdad de todos los ciudadanos. Esa idea se basaba en la propaganda política que se hacía en las ciudades y de ese modo el papel del pueblo no quedó nunca anulado

A esa tradición le dio fuerza la aportación de gremios de comerciantes y artesanos que exigieron como corporación la participación del gremio en el gobierno de la ciudad. Su acción más decidida se llevó a cabo en las ciudades italianas al encuadrar al *popolo*. Desde fines del siglo XII las acciones desarrolladas por el *popolo* pretendían lograr mayor voz en el gobierno y apoyaron la actuación de un nuevo cargo en la ciudad, encargado de hacer cumplir los acuerdos logrados por el partido popular. Se trataba del *capitana dil popolo,* quien al igual que el *podestá*, presidía un consejo numeroso y otro más reducido. Era un cargo electivo desempeñado por un habitante de la ciudad. Durante la segunda mitad del siglo XIII, el partido del *popolo* consiguió grandes victorias. Para esas fechas, la organización política había llegado a ser corporativa y en ella tenían participación los gremios y una especie de representación de los barrios de la ciudad. Su objetivo primordial era garantizar la paz en la ciudad y para ello tenían que controlar a los *magnati*, poderosos que la alteraban con sus luchas y conflictos internos. El ataque del *popolo* a los *magnati* llevó a querer excluirlos de la vida política de la ciudad. Así en Bolonia en 1252 se prohibieron las asociaciones cuasi familiares *(consorteria)* que podían apoyarlos, el portar armas blancas dentro de la ciudad y se demolieron algunas torres. También se produjeron algunos intentos de excluir a los *magnati* de los cargos públicos en Bolonia en 1282 y en Florencia en 1293. El destierro y la deportación fueron no obstante las armas preferidas y en Florencia entre 1293-1295 se calcula que fueron deportados unos 73 magnates, cifra que equivalía a la mitad de familias de esa categoría.

Esta actuación extremista no pudo continuar por mucho tiempo debido a varios factores. En primer lugar, la disensión interna entre los gremios ricos y los trabajadores más modestos, a causa de que a estos últimos se les negaba el derecho a constituirse en gremios y a participar en la vida política. Además la aristocracia siempre estuvo presente en la organización y acciones del *popolo*, hasta el punto de que sus jefes pertenecían a ella. Tal era el caso del caballero Giano della Bella que dirigió la vida política de Florencia entre 1293-1295. En consecuencia las leyes que excluían de la vida política a los magnates fueron derogadas.

A pesar de este fracaso de las propuestas del *popolo* perduraba una visión participativa y abierta de la vida política en las ciudades italianas. Fuera de Italia se produjo una situación similar entre veinticinco y cincuenta años más tarde. En las ciudades de Suabia, Borgoña y Alsacia, el *Obermeister* del gremio, que apareció por primera vez en Basilea en 1280, ejercía un cargo similar al del *capitano dil popolo*.

En el curso de los siglos XII a XIV se produjo una lenta transformación en la sociedad urbana que permitió la homogeneización de determinados grupos sociales y el surgimiento de una cierta conciencia política. Dicha conciencia iba más allá del grupo en el que los ciudadanos se desenvolvían y conseguía identificar con la ciudad no solo a los miembros de la oligarquía dominante, sino también a las clases populares. Se producía así la atracción de una creación política urbana que se apoyaba en unos valores y formas propios.

7. LA CRISIS DE LA BAJA EDAD MEDIA. EL PODER DE LAS CIUDADES

La segunda mitad del siglo XIII anunció en Europa algunas de las catástrofes de los siglos venideros. La crisis, que tuvo un origen económico y social de naturaleza rural, repercutió en las ciudades casi de forma inmediata. Los episodios de hambre y de carestía sacudieron a las ciudades con fuerza desde fines del siglo XIII y entre 1315-1317 adquirieron tintes dramáticos en las ciudades flamencas y del Norte de Francia. La gran peste de 1348, llamada Peste Negra, afectó más duramente a la población urbana en donde el contagio resultaba imparable debido al hacinamiento y las malas condiciones higiénicas de su hábitat. Las pérdidas de vidas humanas oscilan en la mayoría de las ciudades entre un 30 y un 50%. A pesar de lo cual algunas ciudades recuperaron sus efectivos gracias a la fuerte inmigración rural, proceso que también permitió el notable crecimiento de los núcleos urbanos de tamaño medio. Por debajo de los 100.000 habitantes quedaron las grandes ciudades como Milán, Génova, Florencia y Nápoles. Un segundo grupo de ciudades poseía una población que oscilaba entre 30.000 y 50.000 habitantes: Génova, Bolonia, Roma y Palermo en Italia; Barcelona, Córdoba, Sevilla, Granada y Lisboa en la Península Ibérica; Bruselas en Brabante y Aviñón en Francia: Londres en Inglaterra y Colonia en Alemania. Las comprendidas entre 10.000 y 30.000 estaban más repartidas, sobre todo en Alemania, Inglaterra, Países Bajos, Italia y Francia (ver mapa I, p. 60).

Desde un punto de vista urbanístico las ciudades cambian su aspecto debido a que se mejoran sus infraestructuras. Se hicieron mejoras en el pavimentado de las calles, abastecimiento de agua, canalización de aguas residuales y hubo mayor preocupación por la salubridad y la limpieza, que en algunos casos supuso la salida de la ciudad de trabajos artesanos que ensuciaban o producían malos olores. También se observa como las ciudades van perdiendo su aspecto urbanístico aparentemente desorganizado y de carácter celular para adoptar formas integradas. En este sentido la calle jugó un papel primordial. La apertura de grandes arterias creaba ejes principales de comunicación y a lo largo de su recorrido las casas quedaban alineadas. Las calles secundarias permitían el acceso desde diferentes puntos de la ciudad. Estas vías se cuidaban menos y eran muchas veces calles estrechas, sinuosas, sucias y empinadas.

Este período resulta de gran interés para las innovaciones urbanísticas debido a que arquitectos y humanistas elaboraron un modelo de ciudad que se apartaba deliberadamente del modelo romano y daba vía libre a nuevas ideas, proponiendo planos de pura invención como los desarrollados sobre la planta de Ferrara o de Piazenza. En esta época se dibujaban ciudades de planta poligonal que se adaptaban mejor a los imperativos de la defensa, dado el peligro que el fuego de la artillería suponía para los habitantes en caso de asedio.

Durante este período las ciudades seguían conservando algunas de las funciones diferenciadoras como la de refugio y la de mercado. La edificación y mantenimiento de recintos amurallados exigía grandes cantidades de dinero que se añadían al coste de las infraestructuras y demandaban una pesada fiscalidad. Para asegurar la gestión de estos y otros asuntos, el gobierno de la ciudad se fue dotando de medios y de oficiales, tales como notarios o escribanos públicos.

La actividad económica en el mundo urbano se desarrolló e incrementó en estos siglos debido al aumento del comercio en todas sus posibilidades. También la artesanía se localizaba mayoritariamente en las ciudades pero se comenzaban a observar cambios importantes que afectaban a la organización del trabajo artesano. El rápido desarrollo de la actividad mercantil, basado en la mayor producción, exigía productos y calidades adaptables a la demanda. La paulatina intervención de los mercaderes en el proceso productivo contribuyó a romper la rigidez de control del gremio y derivó la producción al medio rural, donde se encontraba una mano de obra asalariada, menos especializada pero más dócil y más barata que los artesanos de la ciudad. Dentro de las ciudades, los mercaderes pronto pudieron contar con los maestros de pequeños y medianos talleres que empobrecidos estaban dispuestos a trabajar como asalariados. Estos cambios derivaron hacia unas relaciones laborales de mercado libre de trabajo, en las que el salario estaba en función de la oferta y la demanda, en contraste con las formas organizadas del trabajo gremial. Esa nueva situación dio paso a las organizaciones de obreros que formaron alianzas e hicieron huelgas.

Las revueltas urbanas que dominaron el siglo XIV estuvieron marcadas por los enfrentamientos entre gremios ricos y gremios pobres por el acceso al gobierno de la ciudad. Al tiempo los gremios pañeros de las ciudades luchaban contra la competencia que les hacía la pañería rural y de ese modo Gante lograba arruinar la del lugar de Tremonde, e Ypres la de Poperinghe. Las grandes ciudades flamencas trataban por todos los medios de acabar con esa producción artesana del mundo rural, que no se sujetaba a su control. Un síntoma de actitud defensiva y de dureza de los gremios ante la amenaza de la competencia, fue el proteccionismo urbano. En algunas ocasiones fue la fiscalidad la que provocó que el malestar social se manifestara en revueltas. No olvidemos que las reacciones contra la miseria que había en las ciudades y las luchas políticas se mantuvieron latentes en la sociedad urbana de la baja Edad Media. Período en el que se produjo una asombrosa sincronía entre revueltas campesinas y revueltas urbanas, que en ocasiones llegaron a unirse.

a) Principales revueltas urbanas

Entre 1357-1358 la ciudad de París estuvo gobernada por un fabricante de paños parisino llamado Etienne Marcel, que siendo preboste de la ciudad se erigió líder de la reforma política frente a los consejeros del Delfín. Con ello se hizo popular entre los parisinos que se oponían a la prepotente presencia de la aristocracia militar en la ciudad y que eran hostiles a los impuestos. Esta revuelta llegó a coincidir con el movimiento campesino de la "Jacquerie" y finalizó cuando los habitantes de París le retiraron su apoyo.

En Roma, fue un notario llamado Cola di Renzo, quien, movido por sus conocimientos de historia de Roma y sensible a la influencia espiritual de los predicadores franciscanos, actuó como líder. Atrajo al *popolo* de Roma frente a la gran nobleza romana y en mayo de 1347 se proclamó tribuno del pueblo romano. Los grandes nobles como los Orsini y los Colona huyeron y se tomaron medidas contra la nobleza, mientras se realizaban ceremonias para ensalzar al tribuno, recordando la grandeza de Roma. Pero desde el campo los nobles impidieron el normal abastecimiento de la ciudad y crearon el desconcierto. En 1347 Cola fue expulsado de Roma por el pueblo enfurecido y en 1354 fue asesinado cuando trataba de recuperar el poder en la ciudad.

En Flandes, Gante y Brujas, la gente de las ciudades y en particular los gremios se alzaron contra la aristocracia militar y el poder monárquico, en el que se apoyaban los mercaderes y ricos maestros para mantener sus privilegios. Ya en 1280 los gremios de Ypres, Douai y Brujas se habían sublevado y la represión fue muy dura. De nuevo en 1302 los artesanos de Brujas, bajo el mando del tejedor Pedro de Conic, aplastaron a los soldados del rey de Francia. Todo Flandes se levantó en un movimiento popular y nacional a la vez, cuyo éxito se vio consagrado en la batalla de Courtrai (11 julio 1302) frente a la infantería del rey de Francia. Al mismo tiempo, los gremios se imponían en las ciudades de Brabante y Lieja. La reacción del rey de Francia llegó en 1328, pero el inicio de la guerra de los Cien Años permitió a los gremios recuperar sus posiciones. En la ciudad de Gante, Jacques van Artevelde (1338-1345) intentó agrupar a todos los que vivían de la pañería amenazada por la guerra entre Francia e Inglaterra. Pero en 1345 estallaron las contradicciones entre los propios artesanos. En esas luchas entre artesanos ricos (tejedores) y pobres (bataneros) Artevelde fue asesinado. Las luchas internas que continuaron hasta 1350 debilitaron a los contendientes en favor de los gremios de tamaño mediano que se impusieron en la mayoría de las ciudades del Noroeste de Europa. Mientras, en Alemania se diferencian dos zonas: al Norte las ciudades dominadas por la oligarquía y al Sur por los gremios.

En Florencia estalla una revuelta famosa en 1378, la de los *ciompi*, nombre que designaba a los cardadores que eran trabajadores de los paños, a causa de motivos políticos y de luchas socio-económicas. A estos motivos se unió el rechazo al partido *güelfo* que había llevado a la ciudad a una guerra contra el papado ruinosa para los negocios de los grandes gremios. Las clases medias se apoyaban en Salvestro de Medici que llegó a *gonfalonero* de justicia, magistrado con mando sobre las fuerzas armadas, y quien solicitó a su vez el apoyo del *popolo minuto* ante la fuerte oposición. De ese modo se lograba imponer el programa político de las clases medias con la ayuda del proletariado, y se lograba restablecer el equilibrio entre las Artes mayores y las Artes menores sin que al pueblo le llegase ningún beneficio. No olvidemos que, aunque los salarios habían aumentado después de la Peste Negra, hacia 1370 disminuyeron y el trabajo se hizo más escaso. En 1378 las revueltas lograron el reconocimiento de las Artes del *popolo minuto* en las que se integraban los obreros no cualificados, pero lo difícil fue que se mantuvieran en el poder debido a que carecían de cohesión y los jefes que les guiaban actuaban de una manera personal, además de que a nivel económico el poder lo seguía teniendo la gran burguesía. Con la ayuda de un ejército mercenario la oligarquía volvió a recuperar el poder y se mantuvo en él hasta 1434, cuando Cosme de Medici se adueñó de la ciudad y estableció un principado, rompiendo la tradición republicana de Florencia.

Las revueltas urbanas de los siglos XIV y XV respondían entre otras razones al cierre de los gremios, a la proletarización de un buen número de trabajadores artesanos, y a la lucha interna por el acceso al gobierno de la ciudad. La inestabilidad social se mantuvo en las ciudades durante el siglo XV con las consecuencias negativas que acarreaba a la producción artesana y al comercio.

8. LA CIUDAD COMO CENTRO RELIGIOSO Y CULTURAL

El mundo de las ciudades también desarrolló formas de vida religiosa diferentes y se convirtió en ámbito pionero en la demanda de nuevas atenciones espirituales. Las nuevas órdenes del siglo XIII, franciscanos y dominicos, se desenvolvieron preferentemente en núcleos urbanos, donde se volcaron en la predicación, la enseñanza y en la atención a los necesitados. Pero los cambios sociales asociados a la crisis de la Baja Edad Media trajeron también transformaciones en las mentalidades y en las formas de religiosidad. No olvidemos que en este período surgen herejías como el wyclifismo y el husismo, que afectaron a Inglaterra y al Imperio, y el papado y la Iglesia atravesaron una gran crisis. Estos episodios coinciden con una reactivación de la piedad religiosa en el marco de la ortodoxia, que se plasmaba en fenómenos tales como las peregrinaciones y la formación de cofradías de devoción.

Para otros cristianos los nuevos tiempos exigían nuevas formas de vida espiritual y buscaron intensas experiencias de vida religiosa en lo que se conoce como *devotio moderna,* una devoción ferviente y sentimental que se desarrolló en Renania y en los Países Bajos.

Más extendidas fueron las manifestaciones de vida religiosa de beguinas y begardos, que se organizaban como comunidades religiosas en el interior de la ciudad, sin pronunciar votos, para vivir según un ideal de pobreza.

También estuvieron presentes en la vida urbana las *universidades* que tienen su precedente en las escuelas episcopales establecidas en las grandes ciudades en el siglo XII. Estas escuelas se libraron de la tutela episcopal y en Italia algunas de ellas pasaron a depender del *comune.* En París, maestros y alumnos, movidos por intereses comunes formaron una asociación que se encuentra en el origen de la universidad. A partir del siglo XIII, fueron apareciendo las universidades en las ciudades de diferentes países. Se considera que las universidades de la baja Edad Media estaban mejor dotadas pero eran menos independientes e internacionales que lo que fueron en el siglo XIII. El control que la monar- quía desplegaba sobre ellas se lo impedía.

El desarrollo cultural de los siglos XIV y XV tuvo como escenario el mundo urbano, en donde se desplegaban todas sus posibilidades, a veces al amparo de las cortes principescas. La cultura no dejó de estar bajo la estrecha influencia eclesiástica, pero desarrolló nuevas formas de expresión asociadas al despertar del espíritu laico. Los artistas del humanismo italiano, como movimiento cultural, se beneficiaron del apoyo que por la vía del mecenazgo obtenían de los poderosos. Su arte se puso al servicio de diferentes causas y actitudes y las ciudades contaron con obras maravillosas de arquitectura, pintura y escultura. Las ciudades italianas más abiertas a la influencia artística supieron sacar partido de nuevas formas y motivos de expresión. Es sabido que el David de Miguel Angel, que se exhibía en la plaza de la Signoria de Florencia desde 1503, representaba la fuerza de la república capaz de rechazar la amenaza del gigante enemigo que se asociaba a la *signoria* de Milán. La identificación del pueblo florentino con ese mensaje daba una belleza distinta a esa maravillosa escultura. También la alegoría del Buen y el Mal Gobierno, representada en el palacio comunal de Siena, por Ambrosio Lorenzzeti (1338), traducía en imágenes un verdadero tratado político acerca de las virtudes y los vicios del gobierno oligárquico. Palacios y edificios civiles y religiosos embellecían las ciudades y dejaban constancia de su poder y su gloria.

9. CIUDADES Y VIDA POLÍTICA EN LOS SIGLOS XIV Y XV

Se considera que en el siglo XIII tiene su origen la organización de los estados monárquicos, cuyo desarrollo se produjo en los siglos XIV y XV. Al mismo tiempo algunas ciudades italianas se estaban convirtiendo en formaciones políticas más extensas, como hicieron Milán, Venecia y Florencia al conquistar a las ciudades vecinas de menor tamaño. Milán conquistó los *comune* de Como, Lodi, Bérgamo, Novara y Vercelli entre 1250 y 1280.

Además, las ciudades italianas habían conocido una concentración de poder en manos del *podestá* o del *capitano dil popolo*, que ampliaba sus competencias de mando y, en el siglo XIV, alcanzaban la sucesión hereditaria en estos cargos. Desde mediados del siglo XIII el cargo del *podestá* se mantuvo en poder de la misma persona varios años, rompiendo la pauta de duración de seis meses o un año. Así ocurrió en Parma con Gilberto de Gente en 1254 y en Verona con Alberto della Scala en 1277, a quien se daba libre autoridad para gobernar la ciudad, sentenciar todos los pleitos y manejar los demás asuntos. En una entrega similar de poderes a Guido Bonacolsi, capitán de Mantua en 1291, se le capacitaba para declarar la guerra o firmar la paz y elegir o destituir *podestá*, jueces y otros funcionarios.

Pero el origen de este régimen de principado o de gobierno personal en las ciudades italianas, se vincula más a la figura del *capitano dil popolo* que a la del *podestá*, ya que solo Ferrara pasó directamente de la *podestaria* al principado. El *capitano*, asociado al predominio político del *popolo*, tenía la función de defender militarmente a la ciudad y asegurar su gobierno. Su cargo tuvo un carácter excepcional y por ello no quedó sujeto al control de las instituciones, lo cual le daba amplios poderes. Las razones que explican el reforzamiento del poder del *capitano* se asocian al miedo a la guerra social interna más que a una amenaza del exterior. Las divisiones internas de la ciudad eran lo único que permitía a príncipes o a tiranos extranjeros imponer sus soberanía sobre los ciudadanos libres de Milán, tal como advertía Bonvesino della Riva. Otros autores previnieron a sus ciudades de ese peligro sin poder contenerlo.

En el caso de Italia las ciudades parecían haber evolucionado desde las formas comunales a gobiernos oligárquicos de los ricos que oprimían a los pobres y luego se sustituyeron por gobiernos de *popolo minuto* de cariz plebeyo que dieron paso a los principados. Estas formas de gobierno acababan con las antiguas libertades, que desaparecían incluso en su expresión teórica, y por eso se asociaban a formas tiránicas de poder. Ante esos peligros las recomendaciones de los teóricos políticos como Ptolomeo di Lucca en el siglo XIII o Bartolo di Sassoferrato a mediados del XIV eran de excluir del gobierno del *comune* a los extremos, es decir, a los más ricos y a los más pobres. Aunque la mayoría de las ciudades italianas se convirtieron en principados a fines del siglo otras se mantuvieron bajo gobiernos oligárquicos como fueron Venecia y Florencia. La razón pudo ser que lograron constituirse como oligarquías estables y contaban con importantes conexiones internacionales. Si a fines del siglo XV Florencia había caído bajo el principado de la familia Medici, Venecia se mantenía como república y llegó a ejercer gran influencia en su entorno político, debido a que se convirtió en un modelo admirado por sus contemporáneos.

Las ciudades que estaban gobernadas por grupos oligárquicos y se encontraban insertas en las poderosas estructuras políticas de las monarquías occidentales de los siglos XIV y XV, se adaptaron a las exigencias del poder monárquico y colaboraron con él para su afirmación y engrandecimiento. La relación entre ciudades y poder monárquico se establecía en diferentes terrenos: fiscal, satisfaciendo los impuestos extraordinarios reclamados por el rey; militar, acudiendo sus hombres al ejército y participando en las levas; y legislativo, enviando sus representantes a las asambleas del reino: Cortes, Parlamento y Estados Generales.

Además, algunas ciudades se ofrecieron como espacios privilegiados para el poder monárquico, desarrollaron el papel de capitales y actuaron como centros políticos, culturales y artísticos a su servicio. En este sentido hay que recordar que los arquitectos de esta etapa final de la Edad Media tenían la preocupación de poner el arte de la construcción al servicio del embellecimiento de la ciudad, perpetuando y defendiendo su historia, favoreciendo el comercio y facilitando la vida civil y religiosa de los ciudadanos. León Battista Alberti, humanista italiano que trató de lograr en sus obras una síntesis entre la Antigüedad y los tiempos Modernos, se manifestó partidario de esos presupuestos. La belleza urbanística se convertía en un elemento diferenciador, puesto al servicio de los intereses del poder político que en algunas cortes y ciudades-estado actuaba como mecenas.

CONCLUSIÓN

Durante el período medieval, se puede decir que la gran mayoría de las ciudades europeas surgieron y se desarrollaron bajo la influencia de distintos factores. En el curso de esos siglos la ciudad se mantuvo entre su conexión al mundo rural y su vinculación a las actividades artesano-mercantiles que aportaban nuevas condiciones a su organización. La población de las ciudades creció y en su diverso mundo social aparecieron nuevas formas de relación, de vida y comportamiento. Vecindades, cofradías, gremios, guildas, linajes y bandos constituyen distintas formas de integración y participación en la vida social, política y económica de la ciudad. A esa capacidad de adaptación de las poblaciones urbanas se unió el desarrollo de experiencias condicionadas por una vida dinámica, estimuladas por el dinero y por los deseos de prosperar y lograr promoción social que nunca desaparecieron del propósito de los habitantes de la ciudad. El mundo de las ciudades seguía ofreciéndose como un sueño de posibilidades que atraía mano de obra rural a la ciudad, aunque, con el tiempo, trastocaba a menudo sus sueños de riqueza en pobreza, abandono y miseria.

Las ciudades eran un elemento fundamental en las estructuras políticas de la baja Edad Media. Entonces, se elaboraron teorías basadas en el pensamiento de Aristóteles, que daba el protagonismo al *cives* o ciudadano y a la ciudad como marco de organización política. Por su parte, arquitectos italianos del siglo XV presentaban modelos urbanísticos que relacionaban la "ciudad ideal" con la realización de las demandas y valores del Humanismo. A fines del siglo XV, las ciudades que habían nacido y crecido en el período medieval expresaban perfectamente los valores y tendencias que definen a la civilización occidental.

TEXTOS

Origen de la ciudad de Brujas. Se explica por la actividad mercantil que se encuentra en torno a el castillo:

> Para satisfacer las necesidades de los habitantes del castillo, delante de su puerta, en el puente del castillo, comenzaron a llegar negociantes, es decir, mercaderes de artículos costosos, luego taberneros y más tarde hospederos para dar alimento y hospedaje a los que realizaban sus negocios con el príncipe que residía en el interior. Se construyeron casas y se dispusieron almacenes en donde dejaban todo lo que no podían introducir en el castillo. Su lema era "vamos al puente". Las casas se multiplicaron de tal modo que pronto nació una gran ciudad, que todavía hoy conserva, en la lengua vulgar de sus habitantes, el nombre de "Puente", porque Brujas en su dialecto significa Puente.

JOHANNIS LONGE *Chronica Sancti Bertini*, Trad. LADERO QUESADA, M. A.: *Historia Universal. Edad Media*, II, Barcelona, 1987, págs. 478-479.

La vida política en las ciudades italianas. Visión participativa y abierta tal como lo expresaba Egidio Romano entre 1277-1279.

> Porque en las ciudades de Italia gobiernan comúnmente los muchos como conjunto del pueblo. Para sancionar los estatutos, elegir a los *potestates* y aun para corregirlos, se requiere el consentimiento de todo el pueblo. Porque si bien siempre se encuentra un *potestas* o señor que gobierne la ciudad, el conjunto del pueblo gobierna más que dicho señor, porque al conjunto del pueblo corresponde elegirlo, corregirlo si actúa mal, y aun establecer los estatutos que el señor no puede sobrepasar.

Egidio ROMANUS: *De Regimine principum*, 3,2,2. Roma 1607, pág. 455. En MUNDY, J. H.: *Europa en la Alta Edad Media 1150-1309*, Madrid, 1980, pág. 410.

Vida política en las ciudades. Arles en 1200.

> Si durante un consulado se han de celebrar asambleas, si han de introducirse cambios en el consulado, si han de introducirse mejoras,

aumentos o disminuciones en el derecho, o si se han de recaudar impuestos en interés común para una guerra o represalia, los cónsules dispondrán que ha de ser un consejo, el mejor y el más prudente, constituido por el consulado y el arzobispo, el que haga tales cosas para la ciudad y el consulado.

> Public. por Fritz KIENER: *Verfassungsgeschichte der Provence,* Leipzig, 1900, pág. 195. En MUNDY, J. H.: *Europa en la Alta Edad Media 1150-1309,* Madrid, 1980, pág. 407.

Maguncia en los primeros decenios del siglo XII. Descripción de la ciudad en sus aspectos topográficos y urbanísticos.

La mencionada [Maguncia] es una ciudad grande y poderosa, situada a orillas del Rhin, de cuyo lado está intensamente poblada mientras que del lado opuesto tiene espacios vacíos y sin apenas habitantes. Está rodeada de un poderoso muro con varias torres. Se extiende sin fin en sentido longitudinal pero es más reducida a lo ancho. La necesidad topográfica determinó el emplazamiento. Así, por la parte que es fronteriza a la *Gallia* está bloqueada por un monte de mediana altura, mientras que del lado de *Germania* la limita el Rhin. De esto deriva que del lado del Rhin cuente con numerosas iglesias y edificios y hacia el monte solo haya viñedos y otras labores agrícolas.

> Otón de FREISINGA: *Gesta Friderici I imperatoris.* M. G. H., 1884, pág. 23. En DE LA RONCIÈRE, Ch.-M.; CONTAMINE, Ph. y DELORT, R.: *L'Europe au Moyen Age,* vol. 1.

Londres, más antigua que Roma (fines del siglo XII). *La rivalidad con la gran ciudad.*

Entre las nobles y célebres ciudades del mundo la de Londres, la capital del reino de Inglaterra, es mucho más famosa que las demás y envía su riqueza y sus mercancías a tierras aún más lejanas. Esta supera a todas las otras ciudades: es feliz por su aire saludable, por la observancia de la práctica cristiana, por sus potentes fortificaciones, por su ubicación natural, por el honor de sus ciudadanos y por la virtud de sus damas. Es alegre por su actividad recreativa y es madre fecunda de nobles varones. Pero ahora pongamos atención en su cualidad más singular.

En la iglesia de San Pablo, allí está la sede episcopal. En otro tiempo fue sede metropolitana y algunos pensamos que volverá a serlo a menos que el título arzobispal del santo mártir Tomás y la presencia de su cuerpo mantengan para siempre tal dignidad en Canterbury, que es la actual sede metropolitana... Repasando la práctica de la devoción en Londres y suburbios hay trece iglesias conventuales más grandes además de 126 iglesias parroquiales menores. El castillo palaciego se eleva

en la parte oriental, grande y poderoso: el torreón y los muros se elevaron sobre sólidos cimientos de argamasa de cal temperada con sangre de animales. En la parte occidental hay dos castillos bien fortificados y desde allí corre hacia el Norte un muro alto e impresionante con siete dobles puertas y con torres a intervalos regulares. Una vez que Londres quedó protegida por muros y torres, incluso por el Sur, donde el potente Támesis, lleno de peces, con sus mareas ha erosionado, debilitado y destruido con el paso del tiempo estos potentes muros...
Londres, como los historiadores han demostrado, es una ciudad mucho más antigua que Roma, porque, aunque tenga origen de los mismos antepasados troyanos, fue fundada por Bruto antes de que Roma fuese fundada por Rómulo y Remo. A causa del origen común tienen las mismas leyes. Esta ciudad, como Roma, está dividida en regiones, tiene sus sherifs anuales en vez de los cónsules, tiene su orden senatorial y magistraturas inferiores; tiene alcantarillas y acueductos en sus calles. Tiene puestos especiales para la audiencia de las causas deliberativas, demostrativas y judiciales, además de numerosos tribunales y sus asambleas separadas convocados en días fijos.

> *William Fitz Stephen* (1170-1183). En J. H. MUNDY- P. RIESENBERG, *The Medieval Town,* New York, 1958, págs. 102-103.

Pavimentación de las calles de Florencia. 1237.

El año de Cristo de 1237, messer Rubaconte de Mandella de Milán, siendo podestá de Florencia, se hizo un nuevo puente en Florencia y puso la primera piedra con sus manos y añadió la primera paletada de mortero y el puente se denominó Rubaconta, el nombre del dicho podestá. Y durante su gobierno todas las calles en Florencia fueron pavimentadas; con anterioridad algunas pocas lo estaban, excepto algunas pocas plazas, las calles principales fueron pavimentadas con adoquines, tras esta obra la ciudad de Florencia pasó a ser más limpia y más saludable.

> Giovanni VILIANI: *Cronica Fiorentina.* Libro VI, sec. 26. En J. H. MUNDY - P. RIESENBERG, *The Medieval Town,* New York, 1958, pág. 110.

Lübeck, ciudad imperial: 1226.

En el nombre de la santa e indivisible Trinidad, Federico II, por el favor y la clemencia divinas emperador de los romanos, siempre augusto, rey de Jerusalén y de Sicilia. Hemos concedido y dispuesto firmemente que la dicha ciudad de Lübeck sea libre a perpetuidad, es decir, que sea ciudad inmediata y lugar imperial, dependiendo directamente de la soberanía imperial y no pudiendo jamás ser separada de esta soberanía inmediata...
Deseando igualmente que, en nuestra feliz época, el territorio de la

ciudad se ensanche y extienda, concedemos y añadimos esto a su territorio: que en adelante la ciudad tenga desde el río Padelügge hasta el Trave y, remontando el río Padelüge, hasta el río de Kempelsdorf y de este río hasta el Alodio Seco y de allí hasta el Trave, todas las tierras comprendidas en estos límites... Por otra parte, todos los mercaderes fieles que vienen a la ciudad por tierra o agua para sus negocios deben disfrutar de perpetua seguridad en su ida y vuelta, siempre que paguen el derecho a que están obligados. Además, cuando los burgueses de Lübeck vayan a Inglaterra, les libramos completamente de los abusos y exacciones que, según dicen, pretenden imponerles las gentes de Colonia, Tiel y sus asociados.

Les concedemos la isla situada frente al castillo de Travemunde, que se llama Priwalc... Y que ningún príncipe, señor o noble de las tierras de la comarca ose impedir la llegada a Lübeck de todo lo que la ciudad precisa, que viene de todas partes, de Hamburgo, Ratzeburgo, Wittenhurgo, Schwerin...

Codex diplomaticus lubicensis, I, pág. 17. En DE LA RONCIÈRE, Ch.-M.; CONTAMINE, Ph.; DELORT, R.; ROUCHE, M.: *L'Europe au Moyen Age,* vol. 2, París, 1969, pág. 243.

Defensa que hace Dante de la libertad y de la monarquía. 1310-1313.

Así, la raza humana es mejor cuando es más libre. La libertad es el mayor de los dones divinos, porque por con ella somos más felices como hombres aquí y como espíritus en el más allá. Y si esto es así, ¿quién puede dudar que la raza humana es mejor si está más capacitada para servirse de este principio? Pero los humanos son más libres cuando están bajo un monarca. Si la raza humana estuviera bajo un solo monarca serviría a su propio interés y no al interés de otros... Porque bajo un monarca, tal y como hemos demostrado, todos los propósitos se alcanzan, el desea el bien para todos los hombres, lo cual no puede derivar en una perversión política... la monarquía es necesaria para el bien del mundo.

Dante ALIGHIERI. *De monarchia.* Libro I, cap. XII. En J. H. MUNDY - P. RIESENBERG, *The Medieval Town,* New York, 1958, págs. 127-128.

El tribuno Cola di Renzo se adueña de Roma (1347).

El embajador del tribuno de Roma vino a Siena /en julio/ y pidió ayuda a sus ciudadanos, que enviaron 50 caballeros el 22 de julio. Los florentinos enviaron 100 y los peruginos 60, mientras que también otras ciudades enviaban. El dicho tribuno fue hecho caballero por el juez romano el primero de agosto, con gran pompa. Fue una maravilla, y se intituló Nicolás caballero candidato del Espíritu Santo, severo y clemente, liberador de la ciudad, celador de Italia, amigo del universo y tribuno augusto. Y así suscribía los documentos. El día de la Asunción de la Virgen María, el susodicho tribuno fue coronado con cinco coronas: una de hojas de roble, otras de hojas de Tilo, otra de mirto, otra de laurel y la quinta de olivo, con gran fiesta y honor, y el tribuno gobernaba Roma con gran justicia.

El conde de Fondi, que no quería obedecer al tribuno, reunió muchas gentes de a caballo y de a pie, y los príncipes y exilados de Roma estaban contra el tribuno. Por eso, el tribuno envió tropas contra ellos, combatieron y el conde de Fondi fue vencido y deshecho con sus gentes, entre las que murió Esteban Colonna y misser Juan, príncipe de Colonna.

(Cronache Senesi. Año 1347. Ed. Muratori, Rerum italicarum scriptores, X-V. 1935, pág. 551). En Ladero Quesada, M. A.: *Historia Universal. Edad Media,* II, Barcelona, 1987, págs. 947-948.

La ciudad como modelo de civilización en el pensamiento humanista.

La gran abundancia de casas distribuidas y colocadas en lugares cómodos embellece enormemente la región y ámbito de la ciudad. Platón quería que este ámbito fuera dividido en doce órdenes, en cada uno de los cuales deseaba un templo, en lugar central, y cruces o plazas en donde pudieran juzgar los jueces subalternos, lugares para almacenaje, espacios abiertos para ejercicios de la juventud... Cuando las comodidades susodichas se encuentran en una ciudad los vecinos se habitúan a ellas fácilmente, así como los forasteros, en especial cuando observan que tienen abundante y barato todo lo que necesitan para vivir, y que se favorece la presencia de las gentes de bien. Pero el principal ornato de la ciudad es que los caminos estén bien trazados, que las plazas y mercados sean amplios y espaciosos, la situación de todos los edificios públicos y privados buena, a lo largo de calles y callejas, hecho el todo tan conforme y con tan buena disposición que no se encuentre motivo de crítica, de manera que cada cual tenga su uso, dignidad y comodidad en medio de la buena distribución y artificio de las edificaciones.

L. B. Alberti, *De re aedificatoria.* Fragmento del Libro séptimo, cap. primero. Ed. De la Ronciére, *L'Europe an Moyen Age...* II, pág. 223. En Ladero Quesada, M. A.: *Historia Universal. Edad Media,* II, Barcelona, 1987, pág. 853.

GLOSARIO

Baile: En las ciudades del sur de Francia era el representante de un oficio en el gobierno de la ciudad.

Begardos/Beguinas: Creyentes que practican un misticismo cristiano, bajo formas de comunidades de laicos que ayudan a los necesitados. Resultaban sospechosos para la Iglesia por no contar con una regla reconocida.

Condotiere: Jefe militar que tiene en contrato *(condotta)* a mercenarios a sus órdenes.

Consortería: Asociaciones familiares en sentido amplio. En las ciudades italianas adquieren una dimensión topográfica y profesional.

Cónsules: Ciudadanos encargados de dirigir la administración de la ciudad.

Contado: Término italiano que designa el territorio que controla una ciudad.

Delfín: Heredero al trono de Francia.

Districtio: Poder que ejercía el obispo desde la ciudad sobre el territorio próximo.

Escabini: Desde el sigo x designa al personaje elegido para encargarse de la administración local y de justicia en una ciudad.

Gibelinos: Partido político de las ciudades de Italia favorable al establecimiento de una autoridad centralizada en Italia que en ocasiones se asociaba al emperador alemán (Weiblingen: feudo de los Hohenstaufen).

Güelfos: Partido político de las ciudades de Italia favorable a la autonomía local, asociado al poder pontificio (del nombre Welf, familia bávara que en el siglo xi se oponía a la intervención alemana en Italia).

Guilda: Agrupación de hombres libres, artesanos, comerciantes, etc., bajo el compromiso jurado de prestarse ayuda y socorro mutuo.

Ministerial: Oficial al servicio de algún poder feudal con funciones de agente local.

Podestá: Agente imperial en Italia, alemán primero y después italiano, encargado de la ejecución de los acuerdos tomados por los cónsules. Desde fines del siglo xii contribuye a la pacificación política de la ciudad.

Rat, Rathaus: Consejo que gobierna las ciudades del Imperio Alemán y sede del gobierno.

Reeve: Intendente del gran dominio sajón.

Sheriffs: En Inglaterra, representante de la autoridad regia en los lugares del condado.

Síndicos: En las ciudades del Mediterráneo se designaba así a los elegidos para ejercer el control de cumplimento de las franquicias judiciales o fiscales acordadas por el señor.

BIBLIOGRAFÍA

ABRAMS, P. h., y WRIGLEY, E. (Eds.): *Cittá, storia, societá*. Bologna, Il Mulino, 1983.

ARIZAGA BOLUMBURU, B. y SOLÓRZANO TELECHEA, J. A. (Eds.): *Nájera, I encuentros internacionales del medievo (desde 2004 se inicia la serie con diferentes temáticas)*. Logroño Instituto de Estudios Riojanos, 2005 a 2013.

BAREL, Y.: *La ciudad medieval. Sistema social, sistema urbano*. Madrid, 1981.

BORDONE, R. y JARNUT, J.: *L'evoluzione delle cittá italiane nell'XI secolo*. Bologne, Il Mulino, 1988.

BOUCHERON, P., MENJOT, D. y BOONE, M.: *La ciudad medieval*. Pinol, J.E. (Ed.) Vol. II, *Historia de la Europa Urbana*. Valencia, PUV, 2010.

BRESC, H.: *La Europa de las ciudades y de los campos (siglos XIII al XV)*. En BURGUIERF., A., KLAPISH-ZUBER, C., SEGALEN, M., y ZONABEND, F. (Eds.), *Historia de la familia*. Madrid, Alianza Editorial, 1988, págs. 401-438.

CHUECA GOITIA, F.: *Breve historia del urbanismo*. Madrid, Alianza Editorial, 2011.

DE SETA, C. y LE GOFF, J. (Dirs.): *La ciudad y las murallas*. Madrid, Cátedra, 1989.

DUBY, G. (Dir).: *Histoire de la France Urbaine. La ville médiévale*. París, 1980.

DURAN I SAMPERE, A. (Dir.): *Barcelona y la seva história*. Barcelona, 1973.

ENNEN, E.: *Storia della cittá medievale*. Roma, 1978

FASOLI, G. y BOCCHI, F.: *La cittá medievale italiana*. Florencia, 1973.

FRUGONI, C.: *Una ciudad en imágenes, ciudad imaginada*. En VV. AA. (Eds.), *Representaciones de la sociedad en la Historia. De la autocomplacencia a la utopía*. Valladolid, 1991, págs. 63-82.

GAUTIER-DALCHE, J.: *Historia urbana de León y Castilla en la Edad Media*. Madrid, Siglo XXI, 1979.

GUGLIELMI, N.: *La ciudad medieval y sus gentes (Italia siglos XII-XV)*. Buenos Aires, Moreno, 1981.

GUIDONI, E.: *La cittá, dal medioevo al rinascimento*. Bari, Laterza, 1989.

HEERS, J.: *Esclaves et domestiques au Moyen Age dans le monde méditerranéen*. París, Fayard, 1981.

HEERS, J.: Les *partis et la vie polítique dans l'Occident médiéval*. París, 1981.

HEERS, J.: *La ville au Moyen Age*. París, 1990.

HERLIHY, D.: *Medieval and Renaissance Pistola: The social history of an Italian town.* New Haven, 1967
HILTON, R.: *Les ciutats medievals.* Barcelona, 1989.
HOHENBERG, P. M., y HOLLEN LEES, L.: *La formation de l'Europe urbane (1000-1950).* Paris, P.U.F., 1992.
HOLT, R. y ROSSER, G.: *The medieval town, 1200-1450.* London, 1990.
JEHEL, G. y RACINET, P.: *La ciudad medieval: del occidente cristiano al oriente musulmán (siglos V-XV).* Barcelona, Omega, 1999.
KOTEL'NIKOVA, L. A.: *Cittá e campagna nel Medievo italiano. Mondo contadino e ceti urbani dal V al XIV secolo.* Roma, 1986.
LANE, F. C.: *Venice. A maritime Republic.* Londres, 1973.
LUZZATO G.: *Storia economice di Venezia dall'XI al XVI secolo.* Venecia, 1961.
MISKIMIN, A. HERLIHY, D., UDOVITCH, A. L.: *The Medieval City.* Nueva York, 1978.
MUNDY, H. y RIESENBERG, P.: *The Medieval Town.* Nueva York, 1958.
PLANITZ, H.: *Die deutsche Stadt im Mittelatter.* 1980 (51 ed.).
POUNDS, N. J. G.: *La vida cotidiana: historia de la cultura material.* Barcelona, 1992.
RENOUARD, Y.: *Les villes d'Italie de la fin du XI^{éme} siécle au début du XIV^{éme} siécle.* París, 1969.
RAGON, M.: *L'homme et les villes.* París, 1985.
REYNOLDS, S.: *An Introduction to the History of English Medieval Towns.* Oxford, 1977.
ROMERO J. L.: *La revolución burguesa en el mundo feudal.* México, 1979.
SANFILIPPO, M.: *Dentro il Medioevo. Il "lungo" tardo medioevo dell'Italia comunale e signorile.* Firenze, La Nuova Italia, 1990.
SANFILIPPO, M.: *Le cittá medievali.* Turín, 1974.
VVAA. *Concejos y ciudades en la Edad Media Hispánica. II Congreso de Estudios Medievales.* Madrid, Fundación Sánchez Albornoz, 1990.

CUADERNOS DE HISTORIA

Títulos publicados

1. Fernández García, A. y J. L. Rodríguez: *Fascismo y neofascismo.*
2. Diago Hernando, M.: *El imperio en la Europa medieval.*
3. Alvar Ezquerra, A.: *Demografía y sociedad en la España de los Austrias.*
4. De Diego García, E.: *Los Balcanes, polvorín de Europa.*
5. Taibo Arias, C.: *Los jerarcas soviéticos: de Lenin a Gorbachov.*
6. Velaza Frías, J.: *Epigrafía y lengua ibéricas.*
7. Mangas Manjarrés, J.: *Aldea y ciudad en la antigüedad hispana.*
8. Rábade Obradó, Mª: *Las universidades en la Edad Media.*
9. Ladero Quesada, M. F.: *Las ciudades de la Corona de Castilla en la Baja Edad Media.*
10. Roldán Hervás, J. M.: *El Ejército de la República Romana* (2ª ed.).
11. Menéndez Fernández, M.: *Los primeros europeos.*
12. Vilariño Pintos, E.: *La construcción de la Unión Europea* (2ª ed.).
13. Colomer, Eulalia y otras: *Técnicas arqueológicas sobre actividades de subsistencia.*
14. Asenjo González, M.: *Las ciudades en el Occidente Medieval.*
15. Martínez Shaw, C.: *Historia de Asia en la Edad Moderna* (2ª ed.).
16. Fernández, A., y Rodríguez, J. L.: *El juicio de Nuremberg, cincuenta años después* (2ª ed.).
17. Quintanilla, Mª C.: *Nobleza y caballería en la Edad Media.*
18. Domínguez Monedero, A. J.: *Los griegos en la Península Ibérica.*
19. Nieto Soria, J. M.: *El Pontificado Medieval.*
20. Rodríguez Sánchez, A.: *La Familia en la Edad Moderna.*
21. Martínez Carreras, J. U.: *Los orígenes del problema de Palestina* (2ª ed.).
22. Belenguer Cebrià, E.: *Cataluña: de la Unión de Coronas a la Unión de Armas (1479-1626).*
23. Schulze Schneider, I.: *La Alemania de Bismarck.*
24. Cantera, M. y S.: *Los monjes y la cristianización de Europa.*
25. Rodríguez Neila, J. F.: *Ecología en la Antigüedad clásica.*
26. De la Torre Gómez, H.: *El Portugal de Salazar.*
27. López Melero, R.: *Filipo, Alejandro y el mundo helenístico* (5ª ed.).
28. Pereira Castañares, C:. *Los orígenes de la Guerra Fría.*

29. Alfaro Giner, C.: *El tejido en la época romana.*
30. Pi Anguita, J.: *La unión monetaria europea.*
31. González Román, C.: *Roma y la urbanización de Occidente.*
32. Tsiolis Karantasi, V.: *La geografía antigua.*
33. Sánchez Cervelló, J.: *La revolución de los claveles en Portugal.*
34. Torre del Río, R. de la: *La Inglaterra victoriana: política y sociedad.*
35. Rábade Romeo, S.: *Los renacimientos de la filosofía medieval.*
36. Cantera Montenegro, E.: *La agricultura en la Edad Media* (2ª ed.).
37. Contreras, J.: *Historia de la inquisición española (1478-1834)* (2ª ed.).
38. Rueda Hernanz, G.: *La desamortización en España: un balance (1766-1924).*
39. Miguel Casilla, J.: *La antigua Esparta.*
40. G. Beramendi, J.: *El nacionalismo gallego.*
41. Neila Hernández, J. L.: *La Sociedad de Naciones.*
42. Núñez Florencio, R.: *El ejército español en el desastre de 1898.*
43. Iglesias Rodríguez, G.: *La propaganda en las guerras del siglo xx.*
44. Rodríguez González, A. R.: *El desastre naval de 1898.*
45. Diago Hernando, M.: *Industria y comercio textil en Europa s. XI al XV.*
46. González, P. y Picazo, M.: *El tiempo en arqueología.*
47. Ruiz de Azúa, E.: *Budapest, 1956.*
48. Díaz Ibáñez, J.: *La organización institucional de la Iglesia en la Edad Media.*
49. Cantera, M. y Cantera, S.: *Las órdenes religiosas en la Iglesia Medieval (S. XIII a XV).*
50. García Fitz, F.: *Ejércitos y actividades guerreras en la Edad Media europea.*
51. Avilés Farré, J.: *Las grandes potencias ante la Guerra de España.*
52. Colás Latorre, G.: *La Corona de Aragón en la Edad Moderna.*
53. Belmonte, I. y Betegón, R.: *La historia contemporánea en la novela.*
54. Mestre Sanchís, A.: *La Ilustración española.*
55. Montes Romero-Camacho, I.: *Los judíos en la Edad Media española.*
56. Quesada López, J. M.: *La caza en la prehistoria.*
57. Ayala Martínez, C. de: *Las órdenes militares en la Edad Media.*
58. Hinojosa Montalvo, J.: *El mediterráneo medieval.*
59. Roig Obiol, J.: *El nacionalismo catalán.*
60. García Fernández, E. C.: *Cine e historia.*
61. Aznar Vallejo, E.: *Vivir en la Edad Media.*
62. Borrero Fernández, M.: *Los campesinos en la sociedad medieval.*
63. Martín, R. M. y Pérez, G. A.: *Derechos Humanos y comunismo.*
64. Melchor Gil, E.: *La munificencia cívica en el mundo romano.*
65. Capel Martínez, R. Mª: *Mujer y trabajo en el siglo xx.*
66. Vilar, J. B. y Vilar, Mª J.: *La emigración española a Europa en el siglo xx.*
67. Vilar, J. B. y Vilar, Mª J.: *La emigración española al norte de África.*
68. Olcina Cantos, J. y Martín Vide, J.: *La influencia del clima en la historia.*
69. Cerdeño, M. L.: *Los pueblos celtas.*
70. Cepeda Gómez, J.: *Los pronunciamientos en la España del siglo XIX.*
71. Martínez Ruiz, E.: *La España de Carlos IV (1788-1808).*

72. Herrero Sánchez M.: *Las Provincias Unidas y la Monarquía Hispánica (1588-1702)*.
73. López Pardo, F: *El empeño de Heracles. La exploración del Atlántico en la Antigüedad*.
74. Valladares, R.: *Portugal y la Monarquía Hispánica, 1580-1668*.
75. Martínez Carreras, J. U.: *El conflicto del Próximo Oriente*.
76. Prieto Bernabé, J. M.: *La seducción del papel: el libro y la lectura en la España del Siglo de Oro*.
77. Togores Sánchez, L. E.: *Japón en el siglo XX. De imperio militar a potencia económica*.
78. García Guerra, E.: *Las alteraciones monetarias en Europa durante la Edad Moderna*.
79. Mitre Fernández, E.: *Las herejías medievales de Oriente y Occidente*.
80. Ladero Qeusada, M. A.: *Católica y Latina. La cristiandad occidental entre los siglos IV y XVI*.
81. Granja Sainz, J. L.: *El nacionalismo vasco (1876-1975)*.
82. Rueda Hernanz, G.: *Españoles emigrantes en América (ss. XIV-XX)*.
83. Fdez. Gallardo, L.: *El humanismo renacentista. De Petrarca a Erasmo*.
84. Sánchez Saus, R.: *La conquista del Atlántico*.
85. Ruiz Rodríguez, J. L.: *Las órdenes militares castellanas en la Edad Media.*.
86. Mangas, J.: *Leyes coloniales y municipales de la Hispania romana*.
87. Pereira Castañares, J. C. y Martínez, P. A.: *La ONU*.
88. Soldevilla Oria, C.: *El exilio español (1808-1975)*.
89. Diego García, E. de: *Los Balcanes ante el siglo XXI*.
90. Fernández García, A. y Rodriguez Jiménez, J. L.: *Fascismo, Neofascismo y extrema derecha*.
91. Quesada López, J. M.: *Los primeros colonizadores del Nuevo Mundo*.
92. Schulze Schneider, I: *El poder de la propaganda en las guerras en el siglo XIX*.
93. González Calleja, E.: *El terrorismo en Europa*.
94. Diago Hernando, M.: *Mesta y trashumancia en Castilla (Siglos XIII a XIX)*.
95. Ladero Quesada, M. A.: *Espacios del hombre medieval*.
96. Moral Roncal, A. M.: *Los carlistas*.
97. González Calleja, E.: *Los golpes del estado*.
98. Vega Toscano, L. G.: *La otra humanidad. La Europa de los Neandertales*.
99. Pulido Serrano, J. I.: *Los conversos en España y Portugal*.
100. Taibo, C.: *Globalización neoliberal y hegemonía de Estados Unidos*.
101. Martín de la Guardia, R. y Pérez Sánchez, G. A.: *Historia de la Unión Europea. De los seis a la ampliación al Este*.
102. Rivera Arrizabalaga, A.: *Arqueología cognitiva: Origen del simbolismo humano*.
103. Pérez-Embid Wamba, J.: *La India medieval: Siglos VI-XV*.
104. Ros Agudo, M.: *Franco/Hitler: de la Gran Tentación al Gran Engaño*.
105. Campo Rizo, J. M.: *La ayuda de Mussolini a Franco en la Guerra Civil española*.
106. Díaz Ibáñez, J.: *La China imperial en su contexto medieval*.
107. Sánchez García, R. y Martínez Rus, A.: *La lectura en la España contemporánea*.

108. Sánchez Andrés, A.: *México en el siglo XX: del Porfiriato a la globalización*.
109. Avilés, J.: *El terrorismo en España: de ETA a Al Qaeda*.
110. Diego García, E. de: *La Guerra de la Independencia, ¿un conflicto sorprendente?*
111. Diego García, E. de: *Para entender la derrota de Napoleón en España*.
112. Fernández García, A.: *Las Cortes y la Constitución de Cádiz*.
113. Mangas Manjarrés, J. y Hernando Sobrino, R.: *La sal en la Hispania romana*.
114. Gómez-Ferrer Morant, G.: *Historia de las mujeres en España: siglos XIX y XX*.
115. Sánchez Andrés, A.: *La independencia de México, 1810-1821*.
116. Domínguez Méndez, R.: *Mussolini y la exportación de la cultura italiana a España*.
117. Pérez Zurita, A. D.: *La edilidad en la Roma republicana*.